JN217403

1000人の経営者を救ってきた
コンサルタントが教える

社長の基本

Basics of the President

三條慶八
Keiya Sanjo

かんき出版

まえがき

「あ、地震だ！」

あれから20年以上たっているというのに、私はいまでも時々、ちょっとした地震にもおびえて飛び起きることがあります。

20年以上前、神戸・三宮一帯で手広く不動産賃貸業と飲食業を営んでいた私は、未明に襲った阪神・淡路大震災で運用不動産に被害総額40億円以上という大打撃を受けたのです。

しかも、その再建途上で、北海道拓殖銀行・山一證券から始まった金融機関の倒産、それに続く史上まれに見るデフレ不況に直面。**ピーク時には１４０億円という巨大な負債（借金）を背負っていました。**

すべてはあの地震からだった！　私がいまも地震におびえるのはそのためです。

そこからの再生は、まさに「地獄からの生還」そのものでした。何度も倒産の危機に瀕し、「もう、終わりだ！」と思ったことも1度や2度ではありません。

文字どおり、身も心もボロボロになり、血尿を出しながらもあきらめず前を向いて進んでいきました。

その結果、私は、140億円の借金を倒産せず、自己破産もせずに自力再生し、ついに完済したのです。

気がつくと、8年の歳月が流れていました。

人生には何ひとつムダはない。誰がいったのか、この言葉は至言です。

いま、私はこの貴重な経験を生かして、主に中小企業経営者を対象に、経営アドバイザーとして活動しています。

具体的には、全国から訪ねてこられる多くの相談者の悩みに寄り添い、助言すること。これまで相談にのってきた経営者は1000人を超えます。

さらには、セミナーや講演会のために全国を飛び回っています。講演・セミナーではこんな話は聞いたことがないと感動され、相談にこられる経営者も後をたちません。

「ああ、救われました。まだ、生き延びる方法があったのですね」

目の前の相談者の顔が、相談前と相談後では別人のように変わっています。相談前は、思いつめ、どこか引きつったような表情だったのに、私と話した後は、よほどほっとしたのでしょう。表情がゆるみ、かすかに笑みさえ浮かべる余裕もよみがえっています。

「この顔を見たいがために、日々、飛び回っているんだ」

いま、私が心から仕事をする喜びを感じるのはこうした瞬間です。

私がコンサルティングをするとき、絶対に貫くぞと決意しているのは、「倒産（破産）させないこと」です。

倒産（破産）は会社の〝死〟です。

上場企業の場合は、倒産しても、経営者の個人資産をなくすことはありません。しかし、中小企業の場合、会社の死はそのまま経営者の社会的〝死〟を意味します。

企業の借金に対して金融機関は経営者の個人保証を求めます。ですから、破産すれば、会社はもちろん、経営者の個人資産も何もかも根こそぎもっていかれます。その日から家族も路頭に迷うことになってしまうのです。

さらに、その後約10年間、金融機関から借入はできず、実質的に経営を再開することはできません。

私が最後の最後まで自力再生にこだわり抜いたのも家族を守りたい一心からでした。

こうした経験から、私は、「真の事業再生は会社と家族を守ることだ」をポリシーに掲げ、実際に「会社がつぶれない」ためにできることを、最後の最後まで相談者と一緒に探します。

昔もいまも中小企業の経営環境は厳しく苛烈で、起業した会社の約85％は5年で廃業しているといわれています。**言葉を変えれば、ルーズな経営をしていたら、中小企業は5年ともたないということです。**

１４０億円の負債を返済し終えるまでに、私はありとあらゆる経験をしました。経営の裏も表も、光の当たる部分も奈落の底に突き落とされるような経験も。特に銀行との取引では悪戦苦闘。その結果、百戦錬磨になったのです。私ほど、その手の内や実情を知り抜いている人間はいないだろうと自負しています。

実際、現在、多くの経営者が私を頼って相談に見えるのは、私の実体験に裏付けられた、現場で本当に役に立つアドバイスを求めてのことでしょう。

「銀行ってそんなところだったのか」「そんな方法もあったのか」「こういう交渉をすればいいのか」。多くの経営者がこういわれ、会社の存続のために新たな希望をもち、がんばり始めます。

経営とは、日々、企業活動の現場で起こるさまざまなことに対応していくことです。いくら立派な学歴があろうと、留学し、ＭＢＡを取得してこようと、実際に企業経営をしたことのない経営コンサルタントでは、ご立派なアドバイスのように見えて、実際には役に立たない〝絵に描いた餅〟のようなコンサルティングしかできません。

中小企業経営者が抱えている悩みは資金難だけでなく、事業の将来設計、次代への事業継承など、多種多様です。私はその会社の社長になったらどうするかをいつも考えて指導しています。厳しい会社経営、１４０億円の借入実績、そこからの自力再生の経験が大きな財産になっているのです。

私は、こうした問題に関しても、実情に根差した問題解決を考えていきます。ときには、相談に見えた経営者を叱ることもめずらしくありません。

企業存続のために、あえて事業縮小も辞さないという助言もします。会社がつぶれてしまったら万事休す。規模を縮小しても、会社が存続していれば、いつか復活する可能性は残ります。

１０００人を超す経営者と真剣に向き合ってきた経験から、私は「成功する経営者」

と「失敗する経営者」はどこが違うか、がはっきりわかるようになりました。

なかには経営者として知っていなければいけない、ごく基本的なことさえわかっていない方が少なくないのです。

そこで、本書では、事業を成功させたいなら、経営者としてこれだけは心得ていなければいけないということを52項目にまとめて、成功する経営者になるための原理原則をわかりやすく説明しました。

「成功する会社は成功するようにやっているからだ」

これは経営の神様・松下幸之助翁の言葉です。

成功のための原理原則は基本的にシンプルです。ですから、なかには、「こんなことくらいわかっていますよ」といいたい方もいるでしょう。

でも、「知っている」「わかっている」ことと、「実行している」ことは天と地ほど違います。「わかっちゃいる」けど実行していない、実行できないという経営者は驚くほど多いのです。

私が、本書で目指しているのは、

「知らなかった」ことを「知っている」ことに、「知っている」ことを「実行している」ことに変える、ことです。

成功への道はそこから始まります。

さらに、経営者にとって命綱である金融機関との、とっておきのつき合い方もお教えします。

現在、悩みを抱えた経営者だけでなく、いまは経営が順調な方も、ぜひ、本書をお読みになってください。これから先も安定した経営を続けていくためには、いま何が必要なのかがよくわかっていただけるでしょう。

本書があなたにとって、少しでもお役に立てるならば、著者としてこれ以上の喜びはありません。

２０１７年12月

三條慶八

社長の基本　目次

第１章

社長の基本①　社長の心得

Contents

第2章

社長の基本②

社長の行動力

Contents

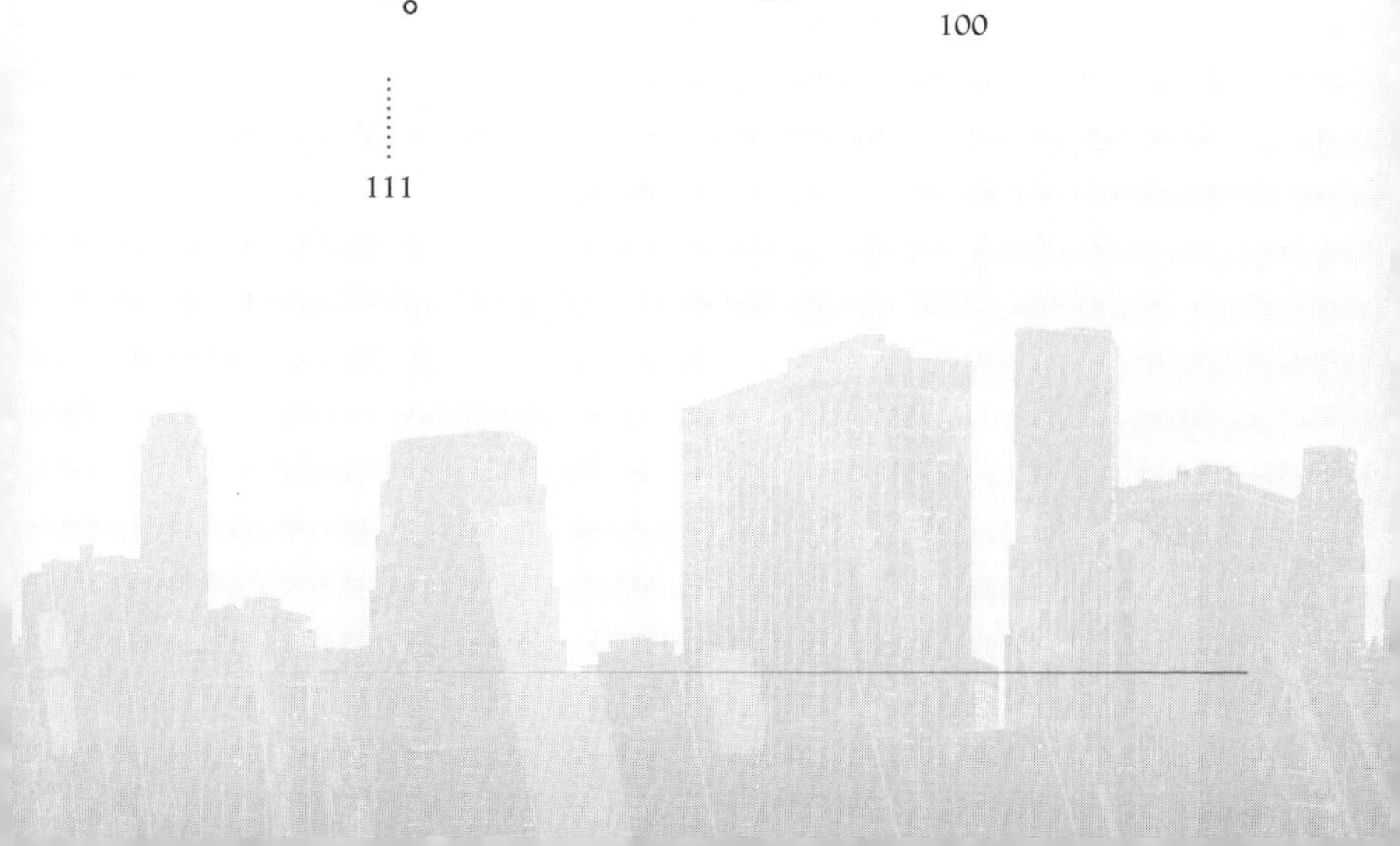

第3章

社長の基本③

社長の分析力

第4章

社長の基本④

社長の交渉力
――金融機関との上手なつき合い方

Contents

Contents

カバーデザイン　井上新八
本文デザイン・DTP　佐藤千恵
編集協力　菅原佳子

素材提供：payapple, ussr, olegganko, Ahmetov Renat,
Pressmaster /Shutterstock.com

第1章

社長の基本①

社長の心得

会社をつぶさずに、安定した経営ができる社長は

どんなことがあっても生き残る、と腹を決めている。

経営者にとって一番大事なことは、「どんなことがあっても会社はつぶさない」と腹を決めていることです。

しつこいようですが、中小企業経営者にとって、会社がつぶれることはイコール人生の終わりだからです。会社を経営することは、それだけのリスクを背負うということもしっかり認識してください。

私のところに相談にこられる方の10人に1人くらいは、かなり切羽詰まった状況であるにもかかわらず、それほど深刻な様子ではないのです。

「このままでは1、2年で行き詰まりますよ」と指摘すると、「最後は自己破産すればいい

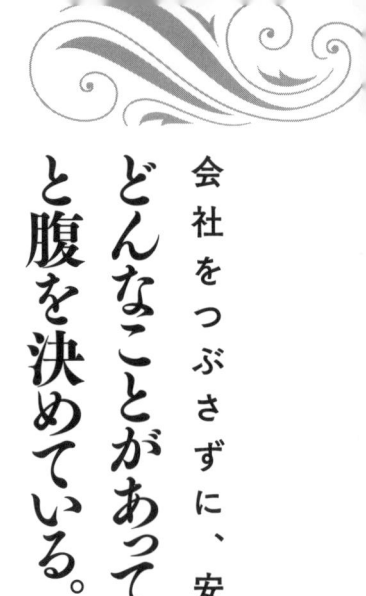

い、と腹はくくっています」などとあっけらかんとした表情でいう方さえいます。**こういう方には、自己破産は「借金を返さなくてもよくなる、ありがたい方法だ」と思い違いをしているのでは、といいたくなります。**

自己破産に関するサイトを見ると、「裁判所に自己破産を認められれば、返済する必要がなくなる債務手続きの最終手段です」とあり、自己破産のデメリットとしては、住宅ローンをはじめとするローンが組めなくなる、クレジットカードを使えなくなる、程度のことしか書いてありません。

借金を棒引きしてもらっておいて、それほど大きなデメリットはない、などということが本当にあるでしょうか。**弁護士が破産手続きをすすめるのは、簡単に処理できる仕事だからです。破産から復活して事業を大成功させた事例はほとんどないのです。それほど制度的、精神的にきついものだと認識するべきです。破産してから後悔する経営者は多いのです。**

現在、企業がおかれている状況はかつてないほど厳しいものです。「まえがき」でも書いたように、起業した会社のうち、5年後、存続しているのはたった15%程度です。残りの85%前後はつぶれるか、自主廃業に追い込まれてしまうのです。

でも、どんな苦境に立っても、経営者が「絶対に生き残っていく」と腹を決めていれば、生き残りの道は必ずあると私は信じています。

百田尚樹著『海賊とよばれた男』は、出光興産の創業者・出光佐三をモデルにした小説ですが、書かれていることはほとんど事実に即しているそうです。

私が特に感銘を受けたのは、太平洋戦争終戦後の佐三（小説の主人公の名前は、国岡鐵造）の経営者としての姿勢です。

戦時中、中国や満州で盛んに事業をしていた出光は敗戦でそのすべてを失います。**しかし、佐三は「社員は家族だ。苦しいからといって家族は切れない」といって1000人もの従業員を雇い続けたのです。**

そのかわり、「仕事ならなんでもする」といい放ち、石油の仕事がない間、まったく経験のないラジオ修理を引き受けたり、旧海軍の燃料タンクの底の残油をすくい出す仕事など、なりふり構わずやったのです。ラジオ修理は全国の200万台を修理するという大変な作業でした。残油をすくう仕事はすべて人力でしなければなりません。GHQが日本の石油会社が油の取り扱いを再開するための条件として、突き付けた困難で屈辱的な仕事だといってもよいものです。

しかし、佐三は会社をつぶさず、社員を雇い続けるために、これらの仕事を引き受けます。そして、つらい仕事に耐える社員に向かって、「みんな、国岡商店（小説のなかの社名）は必ず立ち直る。そして日本も必ず立ち直る」と大きな声でいいます。

佐三のように、どんなことをしてでも会社はつぶさない。経営者としての腹の決め方を知るためにも、この本はぜひ一読をおすすめします。

アメリカでは若者が積極的に起業するのに、日本の若者は自主独立の精神に乏しい、とよく指摘されます。しかし、アメリカと日本の起業力の差は社会の制度の差も大きく関係しているのです。会社を倒産させると、日本ではほとんど再起不能。一方、アメリカではむしろ再起可能な法制度が敷かれています。

アメリカ大統領に昇り詰めたドナルド・トランプは不動産王として知られていますが、

これまでになんと4度も自ら経営する会社を倒産させています。最初の破産は1991年で、その後92年、2004年と続き、最後は2009年。一時期は9億ドルもの借金を抱えていたトランプは破産後8年で復活、ついに大統領になりました。

もちろん、トランプのすさまじいまでの精神力があってのことですが、再起が可能な国だからこそ、できることです。日本は失敗を許さない制度で、アメリカは失敗を生かして再チャレンジできる制度というわけです。

現状では日本では、会社をつぶしたら万事休す！　だということを、胸にしっかり刻み込んでおかなければなりません。

▼どんな仕事をしてでも生き残る。
会社をつぶしたら終わり！

会社をつぶさずに、安定した経営ができる社長は

1年365日、1日24時間、ずっと経営のことを考えている。

最近は残業時間が多い企業はブラック企業と呼ばれ、一定時間以上働かせるとメディアから総攻撃を受ける、そんな時代です。

働きすぎから労働者を守る法律があり、それに違反して長時間労働を強いれば経営者は責められても仕方がないのです。

でも、この法律が適用されるのは労働者。一般的には、雇用されて働いている人についいて、です。中小企業の経営者はこの範囲ではなく、夜はプライベートな時間だとか、休日は完全にオフだとかいっていられない立場です。私もいまでも寝ている間ですら仕事について考えていますし、何回となく顧問先の会社の夢を見て、夜中に飛び起きて忘

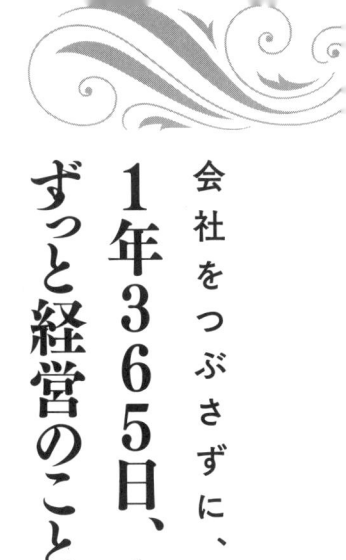

れないうちに仕事をしていることがよくあります。

はっきりいいましょう。経営者には休みはありません。だからといって、ずっと会社の社長室に閉じこもっていなさい、というつもりはありません。夜は飲みにいくこともあるでしょうし、休みの日に仕事を離れた友だちとゴルフに行くこともあるでしょう。

でも、そんなときも会社のこと、経営のことを頭のどこかに留めておくこと。いつ、どこに新たなヒントが転がっているかわからないのですから。

私は、相談者には「365日、1日24時間、仕事のことを考えていてください」とお願いしています。中小企業経営者はたとえ小さなヒントも見逃してはいけないからです。ちょっとしたヒントを見逃したことが死活問題につながっていく例は、けっしてまれではありません。

▼仕事のことが寝言に出てくるぐらいになって、初めて経営者として一人前。

会社をつぶさずに、安定した経営ができる社長は
ライバルと「戦わずに勝つ」。

会社をつぶさない、生き残っていこうというと、ライバルに勝とう、勝たなければならないと真っ向勝負を挑もうとする経営者がいます。

ライバル、特に大企業と勝負しても、中小企業が勝てるわけはありません。相手には巨大な組織力と圧倒的な資金力があるのです。大企業に戦いを挑んでも、横綱を相手に幕下力士が食らいついていくようなもの。初めから勝負あった！　です。

私が140億円の借金を背負いながら、会社をつぶさず、自己破産もしないで、自力再生したことは「まえがき」でお話ししました。

私が手がけていたのは飲食業と貸しビル業です。一時期は三宮一帯で最大のシェアを

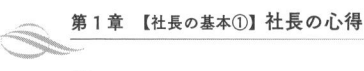

もつまでに成長させ、収益率も非常に高く、安定・成長路線を着実に歩んでいました。

しかし、三條コーポレーションは最初からシェアトップだったわけではありません。三條コーポレーションは父が戦後まもなく創業した会社で、はじめに元町でおしゃれな喫茶店を開業したところ、爆発的にヒット。以後は神戸や三宮を中心に、ディスコ、パブ、カフェバー、カフェレストラン、カラオケパブ、ショットバー、イタリアンレストラン、日本料理店など、20店以上の飲食店を展開していました。


私は大学入学と同時に、卒業と同時にではありません、入学と同時に父の会社に入社し、仕事をスタートしました。入社したのは1970年代。父の会社は粗利率50%ほどと、信じられないくらい儲かっていました。

しかし、80年代になると、飲食業界の競争が激しくなり、関西では「やぐら茶屋」とか「がんこ寿司」、関東では「養老乃瀧」や「北の家族」など、多店舗展開でコストダウンを図る飲食店が出現するようになりました。

一般的には、こちらも多店舗展開を図るとか、コストダウンしていき、ライバルとの競争に勝とうとするのでしょうが、私はそうはしませんでした。

いくらがんばったところで、相手は全国展開の大企業です。企業体力の差は歴然です。

そこで、私はあえて同じ土俵では勝負しないという戦略をとったのです。

私が考え出したのは、内装つきの店舗ビルを建築し、テナントに貸すというビジネスへの進出です。これならテナントは少ない開業資金で商売を始められ、やめるときも原状復帰をする必要がない。始めやすく、やめやすい、画期的なビジネスモデルでした。

三條コーポレーションは家賃プラス内装コストをいただきます。賃料の回収がちゃんとできれば、自ら店舗経営するよりも楽で、儲かるビジネスでした。飲食業経営は人の確保が大変で、気苦労が絶えないのです。

この賃貸ビジネスは大ヒットし、金融機関から次々、「どんどんビルを建ててください。資金は融資します」といわれるようになり、ついには賃貸ビル業で三宮一帯のシェアトップを占めるまでになったのです。

もちろん私にも、大手企業に借りてもらえるような立派なオフィスビルを経営したいという気持ちがなかったわけではありません。しかし、三條コーポレーションにそこまでの体力はありません。**そこで、私が選んだのは「戦わない」という戦法だったわけです。大企業が入り込まないスキ間を見つけ、そこで戦わずに勝てる戦法を考え出し、独自のビジネスを展開したのです。**

一時は三宮の繁華街の飲食ビル業界では実績も知名度もナンバー1、地域の家賃の価格決定権を握っていた三條コーポレーションの繁栄が崩れ出したのは、1995年1月17日の阪神・淡路大震災で大きな打撃を受けたことがきっかけでした。その後、悪夢のような金融恐慌（1997年の山一證券、北海道拓殖銀行破たん）……。そして140億円の借金となったわけです。

一時期にせよ、地域最高の繁栄を手にしたのは、ライバルと戦うのではなく、独自のフィールドを考え出したからです。これは私の誇りであり、いまも私の仕事を支える基盤の1つになっています。

▼無茶な勝負を挑むのは自爆行為。ライバルのいない領域を考え出す。

会社をつぶさずに、安定した経営ができる社長は

何か1つ、これなら1番！というものをもつ。

同じ土俵でライバル企業と戦うことになると、間違いなく、価格の引き下げ競争に進んでいきます。

価格は消費者に訴える最もわかりやすく、最も消費者の心をつかみやすいファクターです。同じような商品がA店では100円、B店では80円だとしたら、誰だってB店を選ぶでしょう。当然その分、利益は少なくなりますから、販売数を増やし、薄利多売で切り抜けていくわけです。これは本当にきつい戦いです。

それでも決着がつかないとさらに値下げする。こうしてライバル同士、どちらも歯を食いしばって競争し続け、双方ともに体力をどんどん消耗していきます。

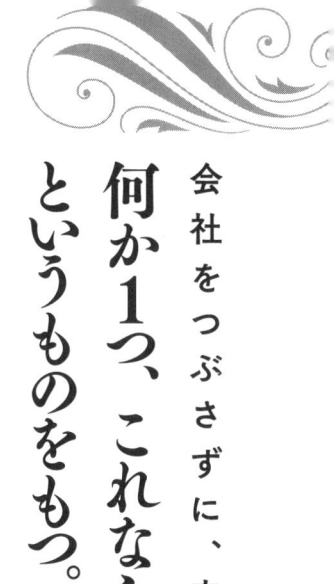

こんな競争に中小企業が巻き込まれたら、ひとたまりもありません。

そこで、私は講演などでよく、「なんでもいい。この点に関しては、うちはナンバー1だと絶対にいい切れるものを1つつくってください」とお話ししています。

よく、「いまは業界が悪いので、うちも悪いんです」という経営者がいますが、どんなに低迷している業界でも、ナンバー1のところは例外なく、しっかり儲かっています。

なぜならば、業界ナンバー1のところはその市場における価格決定権を握るからです。自分で価格をつけられるなら、誰だって「赤字覚悟」なんていう価格はつけません。

しかし、価格決定権を他の業者に握られてしまうと、相手がつけた価格と同じ、もしくはそれより下げた価格をつけなければ顧客を引き寄せることはできません。こうして値下げ競争という泥沼のような、勝ち目のない戦いに引きずり込まれてしまうのです。

Gさんは社員というより弟子と呼びたい、そんな腕自慢のスタッフ数人を抱える小規模工務店の経営者です。少し前までは、Gさんの腕を見込んで戸建て住宅の注文がけっこうあったもの。ところが最近は大手住宅メーカーに押されぎみ。この先、どうしようというところまで追い込まれそうになっていました。

そんなとき、私の講演を耳にし、「何かでナンバー1になる」ことの重要性に気づいたのです。**Gさんが目指したのは、「この地域のお客様については、一番よく知っている工務店であること」**。

創業以来、この地に根差してやってきたことを基盤に、地域に住んでいる家1軒1軒の家族構成や住んでいる家の状態などを詳しくデータ化。それをもとに、街で顔を合わせたりすると、

「おばあちゃん、元気？　あ、足腰がだいぶん弱ってきたの。お大事にね。……でも、お宅のあそこの段差、直しておいたほうが安全だよ。いつでも相談してよ」などと積極的に声をかけていったのです。

お客様の事情をよく知っているので、こうして声をかけてもイヤ味になりません。むしろ、かゆいところに手が届くような印象を与え、「うちのことを気にかけてくれていて、ありがたい」といわれるようになったのは、Gさんの人柄というべきでしょう。

釘1本打つ程度のことでも気軽に駆けつけているうちに、この地域の人々にとって、それぞれの家のお抱え大工のような存在になっていったGさんの工務店。これには大手メーカーは手も足も出ません。

いまでは特に営業活動らしいことをしなくてもミニリフォームから大々的な改築工事までさまざまな注文が相次いで舞い込んできます。価格についての信頼も厚く、相見積もりをとる顧客はまずいません。結果、収益はきわめて安定しています。

同業者は大手メーカーの下請けに転じたところが多く、きつい納期管理や相次ぐコストダウン要求に音をあげており、Gさんのやり方をうらやましそうに見ているとか。

しかし、Gさんの顧客データは昨日今日のつき合いでつくることはできないきめ細かなものです。したがって、地域1番の存在感はまったく揺らぎません。

これならどこにも負けない！　というものをもっていれば、これ以上強いことはありません。

あなたの会社は何の1番でしょうか？

▼どんなことでも、これならわが社が1番、をもてば無敵の経営ができる。

会社をつぶさずに、安定した経営ができる社長は
〝あこがれ〟や〝夢〟ではなく、理念をもとに起業し、その理念を忘れない。

「社長」という言葉には、どこかプライドをくすぐる響きがあります。

バブル時代、クラブなどでは、男性客には決まって「社長さん」と呼びかけたものです。いまでもそういう店はあるかもしれません。

一生、人に使われる人生はイヤだと、長年、温めてきた夢をかなえて独立。小さいながらも一国一城の主となった。手にした名刺の肩書は「○○○株式会社　代表取締役」。それを見て、「ついに自分も社長になったか！」と、大きな満足感をかみしめた。身に覚えがある、という人は少なくないでしょう。

しかし、脱サラすることや、社長と呼ばれることにあこがれていた、だけでは、まず

会社を発展させることも、長続きさせることもできません。

念願の社長になったものの、といまでは実感されているでしょうが、社長という仕事は、そんなに甘いものでも、生やさしいものでもありません。

大企業であっても、中小企業であっても、社長は企業の最高責任者です。自己責任で意思決定し、経営についても全責任を負う立場です。

万一、経営に失敗し、倒産しても、大企業の社長はそこまで責任を求められませんが、中小企業の社長は家族が住んでいる家を含めて、全財産を投げ出すことになるのです。

大きな組織の階段を昇り詰めていったサラリーマン社長は別ですが、自分のアイデアやポリシーをもとに会社を立ち上げた社長は、この先も、終わることがない奮闘努力の日々が続いていきます。その覚悟をあらためて、しっかりと固めてください。

努力の日々は苦しいことも多いものですが、それと同じくらい、かぎりない希望とやりがいに満ちています。

その覚悟を支え、あなたの社長としての気概を持続していくために必要なのは何か？

その答えは「理念」です。

どうしても市場に出してみたいものと出会った。あるいは自分が考えついたビジネスモデルで勝負してみたい、それを通じて社会に貢献したい……というような理念があり、いまもその理念を具現化していくことに燃えていれば、会社は希望にあふれ、成長力にも陰りは見られず、この先も長く存続していくでしょう。

私が尊敬する経営者は、スーパーマーケット・ダイエーを立ち上げた中内㓛さんとソフトバンクの孫正義さんです。両者の共通点は、業界の革命児であることです。

中内さんの理念は「よい品をどんどん安く消費者に提供する」こと。1950年代に、いまでは当たり前の、ほしい品物をお客自身がカゴに入れていき、レジでまとめて支払うスーパーマーケット方式を導入。買い物スタイルの革命を起こしました。

さらに大きな改革は価格革命です。それまでメーカーや卸業者が決めていた商品の価格を、小売りであるダイエーが決めるようにしたのです。当然、メーカーや卸業者と摩擦が起こり、ときには天下のナショナル(現パナソニック)と対立することもありました。

一方の孫さんは1981年に起業。初めの一歩は社長と社員2人の小さな会社でした。

このとき、孫さんが掲げた理念は「デジタル通信事業で日本の明日をつくる」という気《き》宇壮大《うそうだい》なもの。

この理念のもとに、孫さんは日本のブロードバンド時代を切り拓いていき、いまや日本一のＩＴ企業集団を率い、２０１７年には日本一のお金持ちにもなっています。

企業理念とは、経営者の強く熱い思いです。強い思いがあれば、その後のどんな苦労もつらいとは感じず、危機に瀕するようなときも絶対にあきらめることなく、しぶとくがんばり抜けるものです。

▼〝あこがれ〟からではなく、理念をもって経営する。

会社をつぶさずに、安定した経営ができる社長は
理念を深く、広く浸透させていく。

企業理念やビジョンをもつことが大事だ、とお話しすると、大きく分けて2通りの反応が返ってきます。

1つは、理念を軽視する経営者。「理念なんかで飯が食えれば楽なもんだ」といわんばかり。現場からのたたき上げ社長に多いタイプです。こういう会社は「四の五のいっていないで、どんどん手足を動かせ！」というような働き方を徹底しています。

でも、人は牛でも馬でもありません。ただ働け！　といわれても、働く気は起こらないでしょう。

もし、自分はこういう経営者かもしれないと思い当たるようならすぐに考え方をあらため、社員が気持ちよく、希望をもって働けるように、会社の理念やビジョンを言葉に

して、社員に伝えるよう努力することです。

もう1つは「心」とか「誠心誠意」など、わかるようでよくわからない抽象的な理念・ビジョンを掲げる経営者です。

理念は具体的な内容をもつものでなければなりません。

たとえば、ある会社の「企業理念」は「人の喜ぶところに繁栄あり」というものです。

この会社では、この言葉に続き、「企業活動の展開の仕方、社員のやりがいを引き出すこと、利益追求だけを目的とせず、生産者、消費者、取引先、株主、社員の五者が喜びを共有できる企業となることを目的に掲げています」と企業理念をまとめています。

まだ規模も小さいのに、そんな立派な理念なんてつくれませんよ、という声も聞こえてきそうですが、どんな企業も最初の一歩は小さいものです。でも、掲げる企業理念は会社の規模には関係ありません。

企業理念とは、事業を成功に導くためのみんなが共有できる行動指針なのです。

文章はわかりやすく、読んでいると誇らしく、ワクワクしてくるようなもの。短すぎず長すぎず、目安は1枚の紙に印刷できる程度にまとめます。

次は、それを目立つところに掲げ、さらに携帯しやすい形にして、社員が常に身につけられるようにすれば理想的です。

有名な話ですが、世界一のサービスと定評があるリッツ・カールトン・ホテルでは、企業理念を「クレド」と呼び、それをカード状のものにして社長以下全社員がいつも身につけています。

いつでも、企業理念に基づいて活動する、という意思の徹底を図っているのです。

理念やビジョンは人でいえば、生きていく基本的な信条、人生を貫く信念にあたります。信条・信念はどんな場合にも揺るがぬものであることが大事です。**会うたびに、信条や信念が変わっている。そんな人を信頼する人はいません。**

企業も同じです。これがわが社の理念だと決めたことを簡単に変えたり、取りやめにしたりするのでは足元をふらつかせながら歩いているのと同じ。

ところが、起業後しばらくすると、もっと立派な理念を掲げたいとか、業態を変えたいので理念も変えようとブレる経営者もおられます。こんな経営者では誰も信頼しないし、誰もついていこうとしないでしょう。

理念とは企業の根幹をなすものですから、事業内容が変わったり、拡大発展したりしたからといって、変えるべきものではないはずです。

前述の「人の喜ぶところに繁栄あり」に続く企業理念を掲げた会社は、創業後20年ほどたった現在では、創業時の事業を核に、さまざまなビジネスを展開していますが、その根幹は「人の喜ぶところに繁栄あり」。まったく揺らぎがありません。

仮に思うような業績を上げられなかったとしても、変えるのは企業理念ではなく、事業の内容や展開の仕方です。**業績が上がらないときこそ、会社の原点である企業理念に立ち返るべきなのです。**

▼なぜ会社をつくるのか、どんな活動をするのかを簡潔にまとめたものが企業理念。

会社をつぶさずに、安定した経営ができる社長は

社員や取引先などと夢を共有する。

企業理念を1つずつ形にし、実績にして会社をどんどん大きく成長させていく。これが経営者が見る夢でしょう。

この夢を自分1人のものにしないで、社員や取引先など、まわりの人とも共有していく。こういう経営者なら、成功は間違いないと太鼓判を押したくなります。

起業後2年ほどのある経営者から相談を受け、1度、会社を見てみたいと訪問したことがあります。

社員が忙しそうに仕事をしている一画をパーティションで区切ったところが社長のスペース。その後ろに大きな日本地図が貼ってあり、地図上にはびっしり赤のピンが留め

てあります。よく見ると、ちらほら黄色いピンも交じっています。

アパレルショップの社長はこのショップを全国展開したいという並々ならぬ熱い思いをもって起業したそうです。そして、起業の日に、将来、出店したいところすべてに赤ピンを打った例の地図を掲げたのです。黄色いピンは、実際に出店したところ。

もちろん、現状はまだ地図は赤のほうがずっと多い状態です。**この会社では赤いピンから黄色いピンに変えるときは、全社員が立ち会い、拍手のなかで社長がおもむろにピンを打ち換えます。**こうして、黄色いピンが1本、2本と増えていく……。

その地図を見るたびに、赤いピンから黄色いピンに変わる日の全社員の拍手喝采が耳によみがえってくるそうです。これほど社員を燃え上がらせることはないでしょう。

この話を聞いただけで、私はこの会社は「近い将来、大きく成長するだろう」と確信しました。社長の夢を社員も共有・共感しているからです。

赤いピンが1本、また1本と黄色いピンに変わり、黄色いピンが少しずつ増えていく。それを見て、社員のやる気はいやがうえにも高まります。

この経営者のすごいところは、まだ1店舗しかないときに、日本地図に赤いピンを刺し、それを堂々と社内に掲げたことです。

人は不思議なもので、起業したばかり、まだ1店舗しかないのに、赤いピンがぎっしり刺さった日本地図を見ると、事情をわかっていても、この企業が全国制覇することはすでに実現したも同じ、その可能性はかぎりなく高いと感じてしまうのです。

1年後はここまで成長させたい、3年後は、5年後は、と夢を広げていく。それが経営計画です。もちろん、根拠のない夢ではなく、着実に歩を進めていき、確実に利益を生んでいく、実体のある夢でなければいけません。

経営者はその夢を機会あるごとに、社員や取引先、銀行などにどんどん語るのです。**語ることによって夢は現実味を帯びていき、何よりも経営者の熱い思いがまわりに浸透していきます。**

こうして夢は、経営者1人のものから、皆のものになっていくのです。

皆で同じ思いをもっている。その経営者を信じ、同じ夢を追いかけていることほど、人を結束させることはありません。

どんなに優秀でも、経営者1人で仕事はできません。社員だけでなく、外注スタッフなどに助けられ、支えられて仕事をしているはずです。こうした人々の心までがっちりと結束させていく。**そのためには、皆で一緒に見る夢はどうしても必要なものなのです。**

ある経営本に、なるほど！　と深くうなずけることが書いてありました。

〝儲〟という字は〝信じる者〟を意味しているというのです。経営者の掲げるビジョンを信じる者が集まっている会社は、自然に儲かっていくとも書いてあります。

儲かる会社＝長く続く会社にできるかどうかの分かれ目は、

「経営者の理念をいかに伝え、信じさせるか」。

この1点にあるといってよいでしょう。

▼経営者の夢は見える化などでわかりやすく伝え、皆で共有する。

会社をつぶさずに、安定した経営ができる社長は

夢に酔わない。現実をしっかり見る。

夢を実現させてついに会社を立ち上げた！　その喜びがどんなに大きいものだったかは、私にもわかります。

ところが、実際は夢だけでは経営は成り立っていきません。夢は夢として、実際の事業は地に足をつけて、しっかり現実的に運営していかなければ、あっという間に行き詰まる。それをいま、実感している社長も多いでしょう。

「世界には困っている人がたくさんいる。日本には、いろんなものがあり余っている。この2つをうまく結びつけてうまく循環させていけば、途上国の人はうるおい、日本では余っているものを有意義に活用できる」

こんな夢を描いて、リサイクルビジネスを立ち上げた人がいます。

余っているところから足りないところにものを送り届ける、という構想はたしかに〝成り立ちそう〟だと思えます。実際、立ち上げてから1年ほどは仕事は順調に進んでいき、行く先々で、彼の構想は素晴らしいアイデアだとほめまくられ、メディアにも取り上げられました。

ところが気がつくと、現金が全然入ってこないのです。途上国からの入金がない。調べてみると、現地で意気投合してパートナーになった人がお金をもって逃げてしまっていたことがわかりました。

これがきっかけになって、日本で働いていたスタッフも1人去り2人去り……。人もなし、お金も不足……。**経営はとっくに黄信号を灯し始めているのに、この経営者はまだ目が覚めません。自分の描いた構想は立派なもので、これが成立しないのなら、世の中のほうが間違っていると信じているのです。**

たしかに、日本社会は、福祉事業というコンセプトでビジネスをするにはまだ未成熟です。だからこそ、その領域でビジネスをするなら、慎重なうえにも慎重にあらゆることを想定し、数字もしっかりはじいて経営計画を立てなければいけないのです。
夢は想像の世界、非現実です。一方、経営はまさしく現実であることを、いつも胸に刻み込んでおくことが大事です。

では、夢はビジネスにならないのか、というとけっしてそんなことはありません。

学生時代にマザー・テレサの記録映画を観たことをきっかけに、人生の生涯テーマを「ボランティア」と決めて起業。しかし、個人の力では限界を感じてビジネスを興し、その利益でボランティア活動を行う、というビジョンをもとに会社をつくり、成功させている経営者もいます。

後者の場合は、夢は夢として追い求めながら、夢の実現にはお金が必要であるという現実的な視点をけっしておろそかにしませんでした。

ある起業支援ビジネス会社が「起業する人の理由」を調べたところ、「お金を儲けたいから」という理由を一番にあげた人はゼロだったそうです。一番多かったのは「夢だから」「自分がやらなければいけないという使命感から」。でも、どんなに立派な動機でも、かっこいい目的でも、会社がつぶれてしまったら何にもなりません。

経営者になるということは、夢を追いかけながらお金も回していく、その両方をうまくやり遂げていくことです。そういう社長であれば、人もちゃんとついていき、夢もビジネスも育っていくでしょう。

▼夢を追いかけるのではなく、夢を現実のものにしていく。これが経営。

会社をつぶさずに、安定した経営ができる社長は
社長にしかできない仕事をしている。

夢を実際の業務に落とし込んでいくこと。それがビジネスです。さらに確実な利益を出す。しかも一時的に儲けが出るだけではダメ。儲けを出し続けていく。これができて、初めて経営と呼べるレベルに達したと評価できるのです。

経営を具体化するときに必須なのが「戦略」と「戦術」です。たいていの方は「え、どっちも同じようなものでしょ？」というような表情をされますが、戦略と戦術は本質的に違います。

戦略は、その企業の存在価値を考え、3年、5年、10年たってもその価値が失われないどころか、いっそう輝きを増していくためには何を、どうやっていくかを考えること。

一方、戦術は長期的ではなく、この春〜夏の商戦をどう戦おうかとか、飲食業ならば期間限定のサービスメニューを考えてより多くの客にアピールすることなど、この1週間、この1か月というような短期的なビジネス展開を考えることです。

戦略と戦術、一見よく似ているようですが、実行すべきこと、行動が違うのです。この違いを理解していなければ、経営者とはいえないと私は考えています。

事業内容は食品販売。話を聞くとたしかに朝早くから夜遅くまで、長時間働いており、「一生懸命、がんばっています」といい、実際に寝る間も惜しんで仕事をしているのに、いっこうに成果が上がらないといってきた相談者がいます。

でも、「なんで事業をしているのですか？」と聞くと、「当たり前じゃないですか。目いっぱいがんばっています。メシを食っていくためです。家族もいるし、社員の生活もある。だから、なりふりかまわずがんばっているんです……。

でも、もう体力の限界です。これ以上はがんばれません。利益は上がらないし、経営は苦しくなるばかり。なんとか現状から抜け出す方法はないでしょうか」

と返事は半分、泣き声。
こういう相談者はこの経営者だけではありません。少しでも売上をあげなくては、と社員のお尻を叩き、社長自身もヘトヘトになって走り回っているこの経営者には酷ですが、こういうやり方ではこの企業の将来は絶望的です。経営者自身が毎日の業務に追われ、今日・明日・明後日くらいのことしか考えていないのですから。

社員と一緒になって汗を流している、というといかにもよい経営者だと思いがちですが、社長には社長の仕事があることを自覚しなければならないのです。

社員は手足を動かし、汗を流して動き回ること、つまり、実作業が主な仕事です。
一方、社長は、社員と一緒になって汗を流すことより、もっと効率的に売上をあげる方策はないかと考えたり、どのように活動して、事業を拡大発展していくのか、を考え続けたりしていなければいけないのです。

戦略を定めたら、次に戦術策定へと移ります。
相談者に「では、具体的な戦術を考えていきましょう。いま、最大のライバルはどんな企業なのですか?」、こう尋ねたとき、打てば響くような答えが返ってくることは、残念ながら、めったにありません。

日々、駆けずり回るだけでエネルギーを使い果たしてしまっているのでしょう。ライバルのことも、コアターゲットとするべき顧客のこともわかっていない。

ライバル会社に勝つためには、何をどうすればいいのか。顧客に自分の会社を選んでもらうためには何を訴求すればいいのか。この2点がわかっていないと、的を射た戦術を立てられないことを肝に銘じてください。

講演会で「戦略と戦術はどちらがより大事ですか?」という質問を受けたことがあります。いうまでもなく、安定した経営にはどちらも大事。両方がうまく連携したときに初めて、事業は継続的な推進力を発揮するようになるのです。

▼戦術と戦略によってヒト・カネ・モノの経営資源を使いこなす。

会社をつぶさずに、安定した経営ができる社長はブレない、迷わない。

私は、コンサルティングを始める前に、必ず、「将来、会社をどうしたいのですか？」とお尋ねします。

え、そんな当たり前のことを？　と驚かれるでしょう。でも、もっと驚くのは、この質問に答えられない経営者が少なくないことです。

「いやあ、別に……」とか、「起業するときには一応、こんなことをしたい、というビジョンをもっていたんですが、最近は、資金繰りに追われるばかりで……。月末が終わると、すぐに翌月の支払いをどうしようと考えているありさまなんです」。

そんな答えが返ってきます。

経営に窮しているから、私のところに相談にこられるのでしょうから、その事情も察せられます。

でも、経営者自身が目指す方向がわからないようでは、社員はただ困惑するだけです。

社長の最大の仕事は「水先案内人」です。会社をどうしたいのか。どんな方向を目指していくのか。将来、こんな会社に育てていきたい……。こうした先々のビジョンが明確に示されなければ、社員はがんばるどころか、そのうち、社長についていこうという気も失ってしまうでしょう。

案内人である社長自身が掲げたビジョンを見失ったり、ブレたりしていれば社員は迷子同然、仕事をしていても右往左往するだけです。これでは成果が上がらず、経営状態は悪くなることはあっても、よくなることはまず望めません。

いつの間にか、経営者自身がビジョンを見失ってしまう。その最大の理由は、「目先のことに追われてばかり」いるからです。

たしかに経営者はものすごく忙しいものです。私自身に経営経験があるので、経営者がどれほど多忙であるかは、痛いくらいにわかっています。

でも、社長業に言い訳は通用しないのです。

では、起業したときよりもっといいビジネスを思いついた。その場合も、事業を変えることは〝ブレる〟ことになるのだろうか、という疑問をもつ方もいるでしょう。

私はビジネスモデルを変えてはいけない、業態を変えてはいけないとはいっていません。変えてはいけないのは企業理念であって、それに根差しているならば、何をどう展開しようとかまわないのです。

世界最高の起業家といわれるイーロン・マスクはまだ40代の若き経営者です。現在までに、オンライン決済システムのペイパル、電気自動車のテスラ・モーターズ、宇宙事業のスペースX、太陽光エネルギー事業のソーラーシティなど複数の事業を次々立ち上げてきましたが、彼の理念は創業時から少しも揺らいでいません。

イーロン・マスクが掲げる企業理念は、「人類の未来の発展に貢献すること」。彼が展開しているビジネスは一見、あれこれ手を出しているようですが、すべてが「人類の未来」という視点にフォーカスされていることに気づきます。

イーロン・マスクとくらべるとちょっとケタは違いますが、ある地方都市でレストラン事業や中古パソコン店、古着店などを何店舗も経営している人がいます。彼の企業理念は「さびれかけた商店街をもう1度元気に」です。あれもこれもと手を伸ばすのは、迷いでもブレでもなく、むしろ、「さびれかけた商店街をもう1度元気に」という思いを貫徹させているのですね。

こういう経営者なら、社員は必ずついていきます。

▼経営者の姿勢にブレや迷いがあってはいけない。

会社をつぶさずに、安定した経営ができる社長は

地域密着型の経営の価値をよく知っている。

私が顧問をしている、あるホテル経営者の話をご紹介しましょう。この経営者が運営する「ホテル吉野」（仮名）は中部地方の中核都市にあるホテルで、この地では歴史と伝統を誇る代表的なホテルです。

外国人観光客の急増を追い風に現在、ホテルはかなり不足ぎみ。ホテル市場はかつてない好況ぶりです。実際、駅前には全国展開のホテルが何軒も立ち並び、客室稼働率はどこも80％以上と絶好調。通常、ホテルは60％埋まっていれば経営は安泰です。

しかし、どんなに業界に勢いがあっても、業界内部では勝ち組と負け組に分かれていくものです。「ホテル吉野」も私のところに相談にきたときは負け組に組み入れられそ

うな位置づけにあり、「知名度がある全国展開のホテルの攻勢が厳しくて、このままでは先行きが不安でたまりません」といいます。

そこで私は、前にお話しした「中小企業が大手に勝てる唯一の作戦はナンバー1になることだ」ということを伝え、「ホテル吉野」が大手には絶対負けないものは何なのか、を尋ねました。

すると、言下に、「そりゃあ、地域に深く根を下ろしていることですわ。祖父母も両親も結婚式は『ホテル吉野』だった、だから私も……とわざわざ帰郷して、うちで披露宴をやりたいという若い世代もいるくらいです」という答えが返ってきました。

それを聞いて、私は「地縁・血縁という言葉もあるくらいで、それは御社の大きな強みだと思います。それをもっと強化していきましょう」と助言しました。

それからの、この経営者の努力は私の想像をはるかに超えるものでした。**ホテルがカバーするエリアにある家々について、家族構成やそれぞれの誕生日、年齢などを調べ、それぞれの家族の生涯イベントをデータ化したのです。**

この地域では、子どもの誕生会もホテルの小・中宴会場を借りて、親戚一同から友だちまで大勢招いて、大々的に祝う習慣が残っています。七五三や幼稚園入園、小学校新入学などの機会にはいっそう盛大なパーティを開きます。ほかにも成人式、婚約パーティや結婚披露パーティ、さらには還暦、古稀などのシニアのお祝いごとなど、人の一生には数々のイベントがあります。

例のデータをフル活用した結果、「ホテル吉野」は地域の家々のイベントを一手に引き受けるようになり、いまでは地域にとってなくてはならないホテルになっています。

ホテルの経営者もこの地域の出身なので、顧客の多くは幼なじみだったり小・中学校の同窓生だったりします。ですから、家族の情報はふだんの会話から自然に耳に入ってきます。

それを、この社長はまめにメモをとるのです。出先で「○○さんとこにお孫さんが生まれてなあ」などという話を聞くと、その場でちょこちょことメモし、会社に帰るとすぐに顧客データに入力します。こうしていつも最新のデータを把握しているので、街で偶然に出会ったときなどにも、すぐに、「お孫さんの誕生、おめでとう。そうか、ついにおじいちゃんか！」などと話しかけることができるのです。

「男の子？　女の子？　なんていう名前をつけたの？」。こうして聞いた名前などもすぐにデータアップされます。そして、次に出会ったときには、

「どう、おじいちゃんの心境は？　ツバサくん、かわいくてたまらんでしょう？」。

ちょっとした知り合い程度なのに初孫の名前まで覚えていてくれている……。こうしたきめ細かなアプローチがうれしくない人はいません。

「そうそう、再来月にはもうお誕生日なのよ。初誕生日祝いの集まりをしようと思うんだけど相談にのってくれる？　近くホテルに行くわ」

という具合に話は進み、いまや、地域のファミリーイベントを扱うシェアは60～70％とダントツ1位。

ホテル事業は宿泊機能とイベント機能で成り立っていて、利益効率でいえば、イベント機能のほうがずっと高いのです。したがって、「ホテル吉野」の経営は正直なところ、笑いが止まらないといいたいくらい、絶好調です。

▼地域密着型の経営で、大手を寄せつけない。

会社をつぶさずに、安定した経営ができる社長は

人の言葉に素直に耳を傾ける。

経営者に限らず、素直さはどんな場合にも大切な要素です。

松下幸之助翁は、「**人が成功するために必要な資質が1つだけあるとすれば、それは素直さだ**」といっておられます。

優秀な経営者かどうかの見きわめには、この点が意外な落とし穴になります。

ここでいう優秀かどうかは、いうまでもなく学校の成績ではありません。いまの社会は教育競争が激しく、学校の成績がいいこと＝優秀だとみなす傾向が強いようですが、学校の成績はその人の評価の一要素に過ぎません。

学校の成績と経営者として優秀かどうかには、ほとんど関係はありません。

ところが、一流大学を出た、海外のビジネススクールを出たという人ほど、自分の考えが一番いい、という根拠のない自信をもっています。

私のところにこられる相談者のなかにも、自分は子どものころから優秀だったのだ、その自分がやっているのにビジネスがうまくいかないなんて世の中がおかしいのじゃないか、といわんばかりの態度をとられる方がいるくらいです。

助言を得るために私のところに来たはずなのに、私が何かアドバイスしようとすると、いちいち反論する始末です。

経営がうまくいっていないのに、それはこうこう、こういうことが原因で、自分は悪くないと主張する方さえいます。その反論もなかなか見事で、一分のスキさえありません。

でも、こんなことで相手を打ち負かしても何の意味もありません。

経営者は結果がすべて。経営がうまくいかないなら、素直に、どこが悪いのか、どこが間違っているのか、自分自身を見つめなければいけないのです。同時に、コンサルタントはじめ、まわりの人の言葉を素直に取り入れ、かみしめてみましょう。

相談を受けている場合はもちろん、講演中でも相手が素直に聞いているかどうかは、よくわかります。私に限らず、人の話に大きくうなずいたり、メモを取ったりしているような人は間違いなく経営者としても大きく育っていきます。

▼人の言葉はかんでかんで、かみしめる。

会社をつぶさずに、安定した経営ができる社長は
成功体験にしがみつかない。

私が経営者として仕事をしていた近畿圏には老舗が多いのですが、近年は老舗のなかには時代の変化についていけず、苦境に立っているところも少なくないのが実情です。

私の耳にもいろいろな噂が聞こえてくるのですが、実際に相談にこられたり、講演会に姿を見せることはあまりありません。

なぜでしょうか？

老舗企業の多くは、過去の成功体験を豊富にもっていて、「経営していれば、いいときもあれば悪いときもある。うちも長い間、そうしたなかを生き抜いてきたんだ」と、現在の苦境もいずれは流れが変わるだろうとタカをくくっているのです。

しかし、最近の社会変化は、これまでのような「いいときもあれば、悪いときもある」

というような変化を超えた、もっと根源的な、いわば地殻変動といいたいような変化です。

たとえば、京都では、和服にかかわる産業が盛んでした。西陣のように、その一郭すべてが機織りをしていて、街を歩くと、ギー・ガシャッという機織りの音が響き、なんともいえない風情があったものです。

和服産業の市場規模は最盛期の1980年前後の1兆8000億円に対して、2015年では2805億円に縮小しています。特にこの10年で60%超もダウンしており、さらに市場の縮小は止まるところを知りません。

しかし、京都の大店《おおだな》はかつて和服産業が隆盛だったころにたっぷり蓄えた資産をもっています。市街地の一等地に広大な土地を所有し、そこに商業ビルを建てて賃貸ビジネスをしているなどで、本業はまったく振るわない現在でもそこそこ裕福に暮らしているところが多いのです。

でも、先祖からの遺産を食いつぶすだけの経営が長く続くわけはありません。経営者自身もそれくらいはわかっているはずです。でも、年々、大きく減っていく蓄えを見ながらため息をつくばかり。「とにかく、○○屋ののれんを守らねばあきまへん」と昔ながらのビジネス手法にしがみついているだけで、気がつくと膨大な借金がたまっていたりします。

でも、これまでずっとやってきたビジネスのやり方の、どこにどう手を加え、どう変えていったらいいのか、考えようともしないのです。

「亀屋万長」（仮名）という和菓子店もそんな老舗の典型でした。創業は享和年間にさかのぼり、２００有余年の歴史を誇っています。しかし、現在の経営者が親の代を継いだときに聞かされたのは、5億円もの借金があるという動転するほかはない現実でした。

そこから若い当主と奥さんの奮闘が始まります。２人は、昔ながらの商品内容を見直し、若い女性を引きつける新商品をつくりたいと相談をもちかけるのですが、先代は首を縦に振りません。

しかも、多くの老舗にはさらに強敵がいるものです。長年、その店一筋に仕えてきたベテラン職人や、番頭という言葉のほうがぴったりの古手の経営補佐などです。

しかし、若夫婦は長い時間をかけて辛抱強く先代やこの職人を説得し、若い女性が喜びそうな菓子をつくったところ、想像をはるかに超える大ヒットに。以後、次々と新感覚のお菓子を考案。包装や箱のデザインもかわいいセンスを取り入れたところ、どれもよく売れます。そこで、和菓子の手づくり体験ができるコーナーなども新設。

こうして顧客の取り込みに成功し、いまでは借金返済の目途もつき、京都きっての繁華な通りに面した店もモダンに改築。店はいつも観光客でいっぱいです。

老舗が現在まで続いてきた理由を考えてみましょう。いつの時代も、時代の1歩先の感覚を取り入れ、変革し続けてきたからです。

経営者は時代感覚を磨いて、その変革の先頭に立っていなければなりません。

▼老舗にあぐらをかいていたら、つぶれてしまう。
老舗だからこそ変革する。

会社をつぶさずに、安定した経営ができる社長は

お金より時間を大切にしている。

私は、相談にこられた人は原則として、絶対にお断りしません。ここまで追い詰められたらもうムリかな、と思うような相談でもとことん寄り添い、どこかに1点突破の道がないかどうか、経営者とともに打開策を探っていきます。

でも、こういう人の相談は受けない、と決めているケースがあります。

それは遅刻する人。

もちろん、それぞれ事情はあるでしょう。その場合は必ず、予定の時間までに連絡を入れてください、とお願いしています。

それでも、約束の時間から遅れて連絡をしてくる人、もっとひどいのは、連絡なしに

遅刻してくる人もいるのです。なかには、連絡なしに遅刻しても詫びの言葉もなく、平然としている人さえいます。

こういう人の相談は、私は断固、お断りです。

これまで1000人以上の相談者に会ってきましたが、時間にルーズな経営者で成功を収めた人はいません。

時間は、人に与えられるもののうち、最も平等・公平なものです。大企業の御曹司だろうと、たたき上げの経営者だろうと、1日は24時間、1440分、8万6400秒。その時間をどう生かすか、どう使うかで人生は大きく変わります。

一刻一刻の時の刻みは命の鼓動なのです。時間を大事に使わない人は、命をおろそかにしているのと同じだ。私はそう考えています。

まして遅刻は、自分の時間だけでなく、待たせてしまった相手の時間もムダにしてしまうことになり、二重の時間のムダになります。しかも、過ぎてしまった時間は誰がどんな努力をしても、取り返しはつきません。

遅刻しても平然としている人は、それが全然わかっていません。それから、相手にかける迷惑や損失について謙虚に、真剣に考えていない。私はそう思うのです。

こういう人を信頼することはできません。

実際、これまでの経験を振り返っても、遅刻しても平気な人はまず、復活できませんし、そこから這い上がり、さらに成功へと進むこともできません。

それから何のアクシデントもないのに「携帯電話で連絡したから、遅刻ではない」と考えている人も少なくないことも驚くばかりです。「連絡するのは当たり前。遅刻は遅刻である」ことをあらためて、しっかり胸に刻んでください。

▼遅刻は相手の時間をも奪う最悪の行為。

遅刻ぐせはいますぐ直す。

会社をつぶさずに、安定した経営ができる社長は
鈍感力がある。

「あなたは鈍感だね」というと、ほとんどの人は内心、ムカついているという表情をします。鈍感＝ぼんやりしていて鈍い！　ととらえ、まるでバカ者扱いされたように思うのでしょう。

しかし、経営者に関していえば、「鈍感であること」は大きなメリットになる場合が多いことを知っておきましょう。

頭がキレキレにきれ、打てば響かんばかりの反応でてきぱき行動する。経営者にはこういうシャープなリアクションが必須であることはいうまでもありません。でも、こういう人は概して逆風に弱いという欠点があるものです。

少しでも、自分の思いどおりにことが進まないと、げんなりとしおれてしまいます。鋭い刃物は刃先が薄く欠けやすい。それと同じです。

優秀でキレると評判の経営者は、本人もそれを十分に心得ていますから、その自負心にかけても、仕事はミスなく完璧にやろうと身構えています。でも、人間はミスをする生き物。どんなに優秀でも、絶対にミスをしないということなどあり得ません。

ところがこういう人は、ミスをした自分を認めたくない。そこでミスを自分だけで抱え込んで、できれば誰にも知られずに、自分だけの力でミスをカバーしようとするのです。

鈍感力とは気持ちが雑だったり、感度が鈍かったりすることではありません。そういうのはただ粗っぽいだけです。

鈍感さとは少々のことに一喜一憂しないで、ドーンと大らかに構えていることをいいます。鈍感力のある人は、少しくらい失敗しても、「何ごとにも失敗はつきものさ。次は失敗しないようにやればいいいんだ」とすぐに気持ちを立て直すことができます。

他人にどうこういわれても平ちゃら。いちいち気にしないのです。うまくいかなかったことを人に知られたくない、などという妙な見栄ももっていないので、**「どうしたらうまくいくのか教えてください」と若い人や自分より立場が下の人にも頭を低くして聞くことができます。だから、挫折した場合もすぐに立ち上がれます。**

鈍感力が最も効果を発揮するのは、金融機関とのやりとりで、でしょう。

シャープでキレる経営者ほど、銀行がいわんとすることを一歩も二歩も先取りして、「おっしゃりたいのは、こうこうこういうことですよね」などと自らペラペラしゃべり出したりします。

これでは銀行の思うツボ。いわなくてもいいことまでしゃべって手の内を明かしてしまったり、銀行に対していま抱えている不安や不満をもらしてしまったりします。

自社の経営内容に関しても同じです。「……というわけで、目下は順調に推移しているのですが、先行きに不安材料がないといえばウソになります……」などといえば、先行きの不安があるところに銀行が積極融資をするわけはなく、銀行からの融資が打ち切られてしまうという最悪の事態さえ招きかねません。

考えようによれば、鈍感力とは、大して必要ではないものごとをスルーする能力だということもできるでしょう。

企業経営の現場では、毎日、さまざまな問題や課題が起こります。その1つひとつを過敏に受け止め、対応していこうとしたら、経営者の身がもちません。少々のことには目をつぶり、これだけは大事だということに重点的に対処していく。

こうしたスルー力、鈍感力があるかないか。

経営者の度量はここで計られます。

▼大まかに重要なことをつかんで行動する、鈍感経営のほうが大成する。

第２章

社長の基本②

社長の行動力

会社をつぶさずに、安定した経営ができる社長は
すぐ決めて、すぐやる。

疲弊が進む地方都市の商店街であっても、いえ、だからこそいっそう売上を伸ばして経営を安定成長軌道に乗せる努力は必須です。しかし、人口の激減などが根源的な理由なので、なかなか、これといった対応策は見出せません。現在、全国各地にこうした商店街ができていて、それまでそこを拠点に商売を展開していた経営者の多くは、打つ手を見出せず手をこまねくばかり。

そうしたところから、何か一筋のヒントでも、と私の講演会やセミナーにも多くの方が足を運んでこられます。

講演会やセミナーの後はたいてい、個人的に相談にのる機会を設けていますが、ほとんどの相談は、この現状にどう対処したらいいかということに集中しています。

相談者は初めて会うケースがほとんどで、正式にコンサルタント契約をしたわけではありませんが、私はいつもひと膝乗り出して話を聞き、できるかぎりの助言をさせていただいています。

経営が行き詰まっていくときのなんともいえない焦燥感はいまも昨日のことのように私の記憶に残っていて、他人事とは思えないのです。

しかし、なかには会社の窮状を察し、今後のリスクヘッジや経営改善策についてあれこれお話ししたのに、あっさり帰っていく方もいます。

私の経営アドバイスの内容は、140億円の負債を抱え込んだことや、その地獄から這い上がってきた経験から身につけたもので、膨大な時間とお金がかかっています。そのノウハウを1回で習得できるはずはありません。的確な質問をすることもなく、あっさり帰っていく経営者を見て、「これから先どうされるのかなあ」と不安になることもしばしばです。

数か月後に連絡してこられても、たいていは間違った手法をとってさらに悪化し、取り返しのつかない状態になっていることがほとんどです。

私の意図するところが伝わらなかったのだと悔しさが渦巻きます。

一方、聞いた話を素直に取り入れ、努力を始めた方は、前向きの変化が徐々に出始めるケースが大半です。

社長の仕事は決断することに尽きる、といっても過言ではありません。しかし、決断だけでは、社長の仕事のほんの序の口に過ぎません。決断したことを即実行する。いかにスピーディーに実行につなげていくか。これが経営者の仕事なのです。

いい話を聞いたり、いい施策がひらめいたら、即断即行。その場で決断し、その足で動き出す。そのくらいのスピード感がないと、いまの時代、経営者は務まりません。

経営はフットワークが命。特に中小企業の場合は、一歩の遅れが命取りになることがあることを胸に深く刻んでおいてください。

▼決断が1日遅れただけで、
万に1つのチャンスを逃すこともある。

会社をつぶさずに、安定した経営ができる社長は
社員をほめて、ほめて、やる気にさせる。

「オレがつくって、オレが育てた会社だ。あれこれいわずにオレのいうとおりにしろ！」

これは、私の父の口ぐせでした。

たしかに、小さなカフェ1軒から貸しビル業では三宮のシェアトップに成長させたのですから、父の経営手腕は子どもの私から見ても群を抜いたものがありました。

しかし、父のようなワンマン経営は、私でさえ辟易することが多かったものです。何をやっても頭ごなしに怒鳴られる、叱られる。

父に対する反抗心もあり、「なにくそ！」と思い、絶対、父が私に求める以上の結果を出してやろうと意地になってがんばり、それだけの成果は上げたといい切る自信はあります。

でも、気持ちよく、前向きな気分で仕事をしたわけではありません。子どもでなかったら、私もそんな経営者が牛耳る会社はさっさとやめてしまっていたかもしれません。

父ほどでなくても、**自分が創業し育ててきたという気負いが強い経営者は、仕事には自分が一番精通しているという思いが強く、いちいち細かく指示を出すので、社員は指示どおりに動くだけで、自分で考える経験を積むことができません。**

その結果、社員はいっこうに育っていかず、ビジネスも低迷するばかり、となってしまうところが非常に多いのです。

人を育て、活用する経営者は、たえず数字や結果をチェックするのはもちろん、その数字について社員に質問し、目標数字が得られない場合はもちろん、反対に予想以上に伸びた場合も、社員自身に分析させ、回答を求めます。

社員自らに検証させることで社員が自分の頭で考え、自分で答えを求める訓練をしているわけです。

自分の頭で考える訓練を続けていくと、社員の考える力は自然に伸びていき、アイデアが豊富に湧き出る会社に育っていきます。

人を育てる場合の鉄則は、「五つ教えて三つほめ、二つ叱る」。これは二宮尊徳の子育てに関する教えです。

この原則は何歳になっても同じです。人はいくつになっても、ほめられればうれしいし、うれしければもっとがんばろうと張り切るものです。

しかし、ほめられるだけではほめられたことの値打ちがわからない。だから、尊徳は、「三つほめて二つ叱りなさい」といっています。ほめることと叱ることを組み合わせ、ほめられることの価値を身にしみ込ませなさい、ということなのでしょう。

多くの企業を見てきた私の経験からも、叱り飛ばすだけのワンマン経営より、社員に判断を任せ、ことあるごとに社員をほめる経営者のほうが社員が育ち、その結果、事業も大きく伸びていくケースが多かったものです。社員すべてに考えて行動する力がつけば、会社は例外なく大きく発展していきます。

▼ことあるごとにほめ、社員のやる気を最大限引き出す。

会社をつぶさずに、安定した経営ができる社長は
部下の失敗を喜ぶ。

私のところに相談にこられる経営者は、ほとんどが中小企業の経営者です。そして、相談にこられる方のほぼすべてが、

「とにかく、うちぐらいの規模の会社には優秀な人材がこないのです。ですから、いつまでたっても私が何もかもやらなければならない……。なかなか次のステップには踏み出せず、それが大きな悩みですね」と人材不足を嘆きます。

新規事業へ転進することなどをおすすめすると、人材不足から事業を育てられないと弁解したり、愚痴るばかり。

はっきりいいましょう。

中小企業には社長以上に優秀な人は入ってきません。

自分が就活をする場合を想像して考えてみましょう。子どものころから優秀だと折り紙つきで、有名校を卒業したり、留学経験があったりすれば、安定性があり、将来性も豊かに広がる大組織、一流企業を選ぶのではないでしょうか。

中小企業に優秀な人材がこないのはいわば宿命。当然のことだと受け止めなければいけません。

それでは、中小企業は永久に人材不足に悩まなければいけないのか、というとそんなことはありません。

人を育てていく、という道があるのです。

もちろん、大組織も人材育成にはかなり力を入れています。しかし、組織が大きいために、若いころから現場に出て、修羅場を踏む機会はそれほどありません。その結果、大企業で育てられた人材は、優等生でソツがなく、ケチのつけようがない人材であることには間違いありませんが、ここ一番というときに頼りになる底力はない。こうした人が多いのです。

一方、中小企業に必要なのは、優等生というより、実際の仕事の現場で力を発揮できる人材です。

人材不足を嘆いてばかりいないで、中小企業には中小企業なりに必要な人材があることを意識し、そうした人材育成をすればいいのです。**具体的には、最初からどんどん現場に出して、現場で力を発揮できる人材を積極的に育てていきましょう。**

人を育てる経営者とそうでない経営者の決定的な違いは、社員の失敗を恐れるか、恐れないか、です。

多くの経営者は社員の失敗を恐れます。そして失敗しないように、とマニュアルを作成して仕事を管理しようとし、自由な裁量を与えようとしません。その結果、社員の個性はなくなり、自発的な努力もしようとしなくなります。

少数に過ぎませんが、社員にどんどん自由裁量権を与え、のびのびと自分のアイデアや力を発揮させようとする経営者もいます。

中小企業の社員のなかには、偏差値や学歴だけで評価されてきた学校秀才にはない、ガッツと行動力にあふれた社員もいます。

ただし、こういう社員は時々、やる気にはやりすぎ、大コケすることがあります。**できた社長は、こんなとき、内心ではむしろ喜んでいたりします。人は失敗しなければ成長がないことを知っているからです。**

若いころ、尊敬するある経営者から、「人は失敗しないと成長はない。だから、お前も若い間にいっぱい失敗しておくように」といわれたことがあります。彼にはさらに、「社員にも失敗させろ。それが地力をつける近道だ。社員が失敗したときに出ていって対応するのが社長の仕事やろ」といわれたことがいまも頭に残っています。

会社がつぶれるような失敗でないかぎり、社員の失敗をむしろ喜んで受け入れる。そのくらいの度量がある社長の下でこそ、社員は大きく成長します。

その結果が会社の大きな成長につながっていくのです。

▼「失敗は成功のもと」は至言。社員にはどんどん失敗させる。

会社をつぶさずに、安定した経営ができる社長は

片方の目は近視眼、もう一方は遠視眼。

スタート直後から大盛況、儲かって仕方がないというようなビジネスがあれば、誰だって楽勝です。しかし、起業後しばらくは試行錯誤の時期。安定軌道に乗るまで、多少の時間がかかるのが普通です。

むしろ、初めは失敗して当然だ、というくらいの覚悟をもってビジネスを始めれば、当初の苦しい月日も、あらかじめ覚悟していたことだと落ち込んだり、深刻になったりせずに乗り切っていけるでしょう。

しかし、中小企業には、当初の〝失敗期間〟を覚悟のうちだと平然と過ごせる余裕がなかなかありません。いったん会社をスタートさせれば、事務所の家賃や従業員の給料など、月々、支払わなければならないコストが生じるのです。

「いまは赤字だ。でも、必ず儲けてみせるから、それまで給料を待ってくれ」などという甘えは許されません。

つまり、**中小企業の経営者は、足元の必要経費を稼ぎ出す近くを見る目と、将来、これで大きく儲けていくのだという遠くを見る目の両方をもっていなければいけないということです。**

片目は近視眼、もう一方は遠視眼。こうした視力はバランスが悪く、不便このうえないでしょうが、ビジネスでは、近距離を見る目と遠い先を見る目を備えていないと、経営の安定を確保しつつ、かつ成長力も育むことはできません。

ある不動産デベロッパーの創業者の話です。彼は大手不動産販売の営業マンとしてその地域のトップセールスの座を守り続けた実績をもとに、やがては日本の代表的な都市の姿を変えていくという壮大なビジョンを掲げて起業しました。

しかし、最初から大きな不動産開発の仕事が舞い込むはずはありません。**そこで、信用を築き、地場に十分溶け込むまでの期間を食いつなぐために、なんと会社の1階でパ**

ン屋を経営したのです。パン屋なら毎日、現金が入ってくるからです。

ここまで徹底した経営者の例はほかに知りませんが、片方の手で日々の糧を稼ぐ手段をもっていれば、本来、目指すべき事業のほうで失敗しても、会社はもちこたえられます。

「最初のうちは失敗して当たり前」。このくらい腰を据えて、度重なる失敗をしても、あきらめずに本業を成功させようとがんばり続けることができるのです。

▼成功は酒と同じで仕込みの時間が必要。その間を何で食いつなぐか。

会社をつぶさずに、安定した経営ができる社長は「朝令暮改」をプラスだと考えている。

「なぜ、もっといろいろなトライをしてみようとしないのだろうか」

１０００余名の相談者と接してきて、私はつくづくそう思っています。

あるジャンルで新規ビジネスを立ち上げたのだがうまくいかない。すると、もう音をあげて、「このビジネスはもうダメです。でも、ほかに何をやっていいかわからない」と私のところに駆け込んでくるのです。

もちろん、私も一緒になって知恵を絞りますが、その場合も、自身は何も考えようとしない。こんな経営者が少なくないのです。

そこで、私はコンサルティングのたびに、「これがダメならこういうことは考えられないの？」などと質問攻めにして相談者を追い込みます。

するとさすがに何か考えてくる経営者もいるのですが、ほとんどはそれまでのビジネスのアレンジでしかありません。

いままでの路線でいい結果が出なかったから苦しんでいるのに、なぜ、新たな領域や新たな方法論を考えようとしないのか。

私は毎回、首をかしげています。

「思いつくことを次々、小さな規模でやってみて、トライアルの結果、いいものをやっていったらいいじゃないですか」。経営は試行錯誤がとても大切なのです。

コンビニ業界では、ファミリーマートとサークルKサンクスの合併により店舗数で第2位にまで迫ったファミマ。しかし、1店舗あたりの売上はセブンイレブンが圧倒的1位。コンビニは一番近い店を利用するのでは、と考えがちですが、最近は弁当やおにぎりなどの主力商品のクオリティで選ぶ顧客が増えているのです。

セブンイレブンはここに着目。弁当などの食品を中心に矢継ぎ早に新製品を売り出し、**一方、売れないものは、長い開発時間をかけた商品であっても、1週間程度で店頭から引き上げるという変幻自在戦法で、圧倒的な強さを発揮しています。**

コンビニにはいろいろなものが並んでいますから、おにぎりを買いに来たついでにこれもというついで買いも多く、こうした戦法で、店舗あたりの売上で他チェーンに大きな差をつけているというわけです。

くるくる方針を変えたり、次々、売り物を変えたりすることなどを「朝令暮改」といい、普通は避けるべき行動とされています。しかし、現在は変化の時代です。変化は逆に大きな強みになっています。

積極的に「朝令暮改」を仕掛けていく経営者。いまの時代には、むしろ、こうしたフットワークの軽い経営者のほうが成功の確率は高いのです。

▼朝令暮改。百戦錬磨。

あの手でダメならこの手を試す。

会社をつぶさずに、安定した経営ができる社長は
変化を見逃さない。

早期発見・早期治療。がん克服にはこれに勝る戦法はないといわれますが、実は、これは、すべてのトラブルに対する必勝の法則です。

相談者の多くは、ギリギリにまで追い詰められ、打つ手が見つからないといって相談にこられます。事情を聞くと、かなり前から問題の兆しを感じ取っていた、でも、いまはまだなんとかなる、まだ大丈夫、たぶん、なんとかなる……と思っているうちに、気がついたときには、事態は絶望的なまでに悪化していた、と平然というのです。

前に、経営者は水先案内人であるといいました。経営とは島影1つ見えない大洋を航海しているようなものです。洋々と広がる海はなだらかで、おだやかで荒れ狂うことな

ど考えられません。

でも、行く手の空に1点の黒い雲を見つけたら、あの雲は嵐の前兆だとすばやく察知。大雨、大嵐へのあらゆる備えの指示をする。これが船長、つまり、経営者の仕事です。

「異変に気がついた、そのときに何か考えようとしなかったのですか」と聞くと、「とにかく、時間がなくて……」とまたまた言い訳です。

時間はつくるものです。漫然と毎日を過ごしているかぎり、時間がない状況からは抜け出せません。

忙しさにかまけていては経営者失格です。どんなに忙しいときでも市場の動向を見、会社の業績を見、かすかな異常や変化を感じ取り、変化への対応策を考え出さなければならない。

経営者にとって、これは最も大事な任務だと心得なければなりません。

現在、あらゆるマーケットに大きな影響を与えているのは少子高齢化。なかでも少子化の影響はすさまじいものがあります。戦後の第1次ベビーブーム期には270万人を数えた日本の年間出生数は2016年には100万人を割り込んでいます。

この激減のあおりをもろに受けているのは教育ビジネスです。

私の相談者のなかに、どこよりも早く少子化対策の必要性を感知し、考えに考え抜き、必死に新領域の開拓を試みてきた結果、誰も気づかなかったニッチ市場を見出した経営者がいます。

この経営者は、ある地方都市で長年学習塾を展開し、それなりの実績を示してきました。しかし、少子化が表面化してきたころから中央の大手学習塾がどんどん進出してきて、ただでさえ小さくなってきたパイを、容赦なく食い荒らされてしまったのです。

そこでミセスやシニア向けのレッスン教室にも進出したのですが、実はこういうものほど中央の知名度があるところに人は流れていってしまいます。

私のところに見えたときも「もう倒産するしかない」と半分泣き声で、資金繰りの苦しさを訴えていました。

こういう経営者を叱咤激励するのも私の仕事のうちです。

私は「お宅には長年、地元密着で学習塾を展開してきた信用があるでしょう。それを生かせば必ず打開策はありますよ」と励まし、半年ほどかけて知恵を総動員した結果、ついに、誰もまだ手がけていないニッチビジネスを見出したのです。

障害児の学童保育事業です。現在、障害児を受け入れる学童保育はほとんどなく、障害児を抱える親は仕事をあきらめなければならず、大きな問題になっています。

相談者はここに着眼。アフタースクールの障害児を預かる事業に着手。現在ではそのノウハウを積み上げ、フランチャイズ化もスタート。全国規模に広げ、もはや他業者の追随を許さない盤石の経営基盤を築きあげています。

先見性と独自のビジネスモデルの構築で、倒産寸前だった学習塾経営は一気に息を吹き返しました。このケースは変化の予兆を感じ取ったらすぐに動くことの重要性を物語ってあまりあるといえるでしょう。

▼経営環境の変化に勝つ定石は先手必勝。

変化の兆しを感じたら、即、動く。

会社をつぶさずに、安定した経営ができる社長は
柔軟な問題解決力を発揮する。

経営と学校の勉強との最大の違いは「これが正解！」という、公式的な答えがあるわけではないことです。正解のない問題に対し、試行錯誤しながら、答えを探っていく。だから経営はむずかしいともいえるし、面白いともいえるのではないでしょうか。

しかも、課題に対する答えは1人ひとり、そして、1回1回違います。

経営に求められる答えは生きている答え。いまは正解であっても、それがずっと正解であり続けるわけではなく、正解は刻一刻と変容します。

経営者の仕事は休みなしでエンドレス。これでいいと安心し、考えることをやめたとたんに衰退が始まってしまうといっても過言ではありません。

プロの将棋では100手先まで読んで、次の一手を決める。そのくらい洞察と決断がものをいう世界だと聞きます。経営者にも、これと同じくらい考えて考え抜き、そのうえで、次の展開を決めるという問題解決能力が求められているのです。

お先真っ暗だと思えるような状況で、0・1％の可能性を見つけなければいけないのです。誰でもちょっと考えれば思いつくようなありきたりの解決策や常識的な解決策では、立ちはだかる高い壁を乗り越えることはできません。

さらにその0・1％の可能性に関して精査を加えていきます。たゆまざる前進のための努力。そこで求められるのは、あらゆるリスクを想定して、1つひとつ排除していくきめの細かい考え方です。

しかし、それを成し遂げたときには、ブルーオーシャンが待っています。

競争の激しい既存市場は、血で血を洗うようなシビアさからレッドオーシャンといわれるのと反対に、誰も見つけられなかった未開拓市場は、競合相手はなく、しかも前途は洋々と広がっていることから名付けられた呼称です。

本当の勝者は、問題をあらゆる角度から見、考え、0・1％の可能性を見出した後もいくつものパターンを想定して精査に精査を重ねたすえにブルーオーシャンを見出し、そこをぐいぐい進んでいく者をいうのです。

京都の呉服の老舗が業界の低迷傾向のなかでも安閑と経営してきて、いよいよ追い込まれているという話をしました。それでも、老舗は蓄積資産があるので、なんとか今日まで生きながらえてきています。しかし、そうした資産をもたない呉服屋はもう後がありません。しかも長年、たとえば親の代から呉服屋をやっていたところなどは、他の業界の情報もノウハウももっていません。

ある相談者もまさにそういう方でした。東日本地方ではちょっと名の知られた呉服屋だったのですが、市場が最盛期の15%近くまで縮小してしまったのですから、手も足も出ません。誕生時の祝い着に始まり、七五三、成人式、結婚……と女性の一生の折々を和服で祝うという慣習もしだいになくなってきてしまい、着物を着る機会や場がないのに、どうしたら着物を拡販できるのか。

どんなに知恵を絞っても、活路を見出すヒントさえ得られません。

そこで、私は、「とにかく着物を着ない理由を徹底的に調査して今後の経営の柱を見つけましょう」とアドバイスしました。

小まめにヒアリングして情報を集めた結果、いくつかの理由があがってきましたが、たいていは想定範囲。なかで1つだけ、店側では気がつかなかった理由がありました。「着物はどう手入れをしたらいいのかわからない」「手入れの仕方はだいたい知っているけれど面倒くさい……」。これが、その理由です。

そこで、その呉服屋は「着物のメンテナンスに特化した事業」の新しい仕組みを考案し、業界の革命児になろうと必死にもがき苦しみながら、事業改革を進めて成長を続けています。

絶体絶命、いくら考えても活路がない、というのは思い込みに過ぎなかったのです。

発想を柔軟に広げていけば生き残る道は必ず見つかるということを教えてくれる、最高の例だといえるでしょう。

▼360度全方位から考えてみたか?
活路のカギは意外なところに隠れている。

会社をつぶさずに、安定した経営ができる社長は
ブームに乗らない、追いかけない。

一時期、ラーメンブームといわれたころ、私のもとにも、「いま、ラーメンブームでしょう。私もラーメン屋を開業したい。ラーメン屋といっても1店舗では終わらない。ゆくゆくは全国チェーンにして、そのラーメンチェーンを起爆剤に、いろいろな飲食業を経営して、食のコングロマリット（複合企業）を目指したい」と相談にこられる方が相当数いました。

なかなか立派で壮大なビジョンのように聞こえます。でも、こういう人に限って、やがて失敗し、業界を去っていくことになるのがオチ。

ブームを追いかけて、成功した人はいません。なぜなら、ブームは必ず去るからです。ブームといわれ、人が騒ぎ始め、行列ができるようになったときはすでにブームのピー

ク。水面下では、下り坂に足がかかり始めています。そこから追いかけても、ブームの陰りとともに、衰退の道を歩んでいくだけです。

これまでにもラーメン業界には、他には例を見ない野菜てんこ盛りのラーメンを考案した「ラーメン二郎」や、とんこつスープを東京にもち込んだ「なんでんかんでん」など、一時代を築きあげたラーメン屋がありました。

しかし、ラーメンで年商数億円を稼ぎ出していたこれらの店も、いまは「家系ラーメン」に人気を奪われてしまっています。ブームや流行はいつか陰り、早足で去ってしまうことが、あらためて身にしみます。

ブームだからやりたいではなく、試行錯誤を繰り返した結果、絶妙のスープができた。このスープを使ったラーメンの味は絶対ほかには負けないおいしさだ、これを1人でも多くの人に食べてもらいたい、こうした動機からラーメン屋を立ち上げれば、ブームとは関係なく、長く繁盛するラーメン屋になる可能性は大きいでしょう。

かつて、生キャラメルの大ブームで大きな話題になった北海道の花畑牧場。いくら補充しても、補充するそばから売り切れになったというほどのブームになった生キャラメルはいまではいつでもすぐに買える商品になっています。

一時期、この牧場は倒産したという噂まで流れたものでしたが、実は現在は生キャラメルの大ブーム期以上に繁盛しているそうです。

あの熱狂的といいたいような大ブームと、それが去っていくときの引き足の速さを痛いほど経験した牧場経営者は、現在、その経験を生かして、スイーツやチーズ、クオリティの高い豚肉やその加工品など、多様な商品展開に切り替えています。

販売展開も、生キャラメルに次いで、次々発売されているオリジナルスイーツ類の一般販売と安定的・大量購入が約束されている業務用需要の掘り起こしなど、多面展開にシフトしています。

いま、この牧場のスローガンは、「ブームを起こさないこと！」だそうです。

▼ブームはいつか去る危険なものだと理解する。

会社をつぶさずに、安定した経営ができる社長は

ファンをもっている。

経営者は企業の中心的存在で、強い求心力をもっていなければなりません。何によって求心力をもつか。それは人それぞれ。必ずしもシャープな経営力でぐいぐい人を引っ張っていく、王道をいく経営者である必要はありません。

一言でいえば、なぜか、皆から慕われる、なんともいえない人間的な魅力の持ち主であること。そのほうがずっと強いのです。私の知り合いに、こういう社長がいます。

Hさんはファッションショップの社長。イタリア系ファッションブランドの特約店ですが、日本メーカーがライセンス契約を結んで製作しているので、おしゃれなセンスがありながら、価格はOLや主婦層もちょっと背伸びをすれば手が届く範囲。あこがれをくすぐりながらも、現実感のあるブランドです。

最近、アパレルブランドは軒並み、不振に悩んでいます。かつては目いっぱいおしゃれを楽しんでいた女性たちですが、近ごろは、若い世代は携帯電話の料金や食べ歩きにより多くお金を遣うようになっていますし、ミドルエイジやシニアの主婦層もヨガやフィットネスなど体づくりや旅行などにお金を遣うようになっているからだといわれています。

キメキメのおしゃれよりファストファッションのほうがカジュアルでシンプルで、かっこいいというトレンドも、売上低下に拍車をかけているのでしょう。

ところがH社長の店は業界の不振傾向には関係なし。アパレル不況のなかでも、売上はきわめて順調です。

店は仲良し同士が集まるサロンのような雰囲気で、いつも何人かのお客が楽しくおしゃべりしたり、笑い転げたりしているのです。初めてこの店をのぞいてみたという初対面のお客でも気がつくと、おしゃべりの輪に溶け込んでいたりします。

その理由はH社長の気さくで、あたたかい人柄にあるのでしょう。さらに、お客が安心してこの店をのぞくのは、H社長の正直で真心あふれる接客があるからです。

Ｈ社長は、似合わないものは「あ、それね。あなたには似合わないわ。よしたほうがいい」などとはっきり指摘するのです。大して似合わないものでも、お客がその気になっているのを見れば、内心、舌を出しながら「お似合いよ」とか「おすすめよ」などと無責任なセールストークをして、買わせてしまう店が多いのですが。

さらに、Ｈ社長は、なじみのお客については、これまでどんなものを買ってくれたかを正確に覚えています。陰で、顧客のデータづくりをコツコツと行っている証拠です。

ですから、お客が何かを手にとると「あ、それ、去年、買ってくださったあのジャケットと合わせると素敵だと思うわ」といったりして、お客の「ほしい気持ち」を心地よく刺激します。自分のことをそこまで覚えていてくれればうれしくないお客はいません。

さらに、あれもこれもと売りつけようとしないこともお客の信頼を集めます。

ときには仕入れの段階から「これはあのお客様に似合いそう」と特定のお客をターゲットにした服を仕入れてくることもあります。こうした場合のセールストークも、「仕入れにいったら、あまりにも小泉様にお似合いになりそうな1着が目に留まったので、勝手に仕入れてきちゃいました。お近くにいらしたらぜひ、寄ってくださいね。……もちろん、押し売りはしないから、心配はいりませんよ」と笑いで話をしめ、相手に気持ちの負担をかけるようないい方はしないのです。

こんな具合ですから、お客はH社長が大好き。皆H社長のファンです。「H社長がすすめてくれるものを買っていれば間違いのないおしゃれを楽しめる。だからついつい買ってしまうの」と絶大な信頼を寄せています。

こうして自分や自分の店のファンをつくることは中小企業にとって最大の武器。あの社長が選んだのなら大丈夫、あの会社なら絶対いいからぜひ買いたいといわれるような関係性を築きあげたら、もう無敵といっていいでしょう。

▼お客や取引先を社長（会社）や商品のファンにしていく。

会社をつぶさずに、安定した経営ができる社長は
クレームを経営資源だと認識している。

経営者は、クレームはお客からの大事な情報の1つであるということを見逃してはなりません。

その商品やサービスにまったく関心がない場合は、わざわざクレームなど寄せてきませんし、クレーム内容をよく理解すれば、そこに商品やサービスをどう改善していけばいいかのヒントが潜んでいることに気づくはずです。

成功する経営者はクレームのなかに宝が隠れていることを知っていて、その宝を積極的に生かしていこうとしています。

私のクライアントの1人に、長くコメの卸し業を営んでいる方がいます。

山形地方一帯でビジネス網を展開し、大きなビジネスをしていたのですが、近年、少

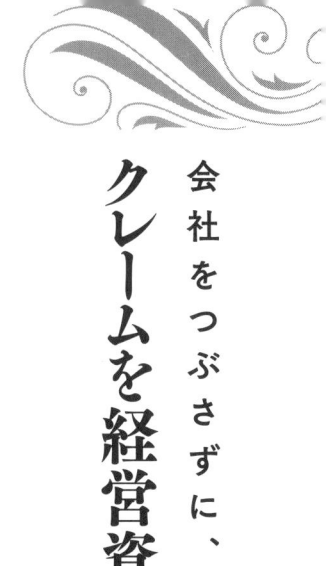

しずつビジネスが縮小していて悩んでいました。

これは必ずしも、このクライアントの努力不足ではありません。日本人の主食はコメだと思い込んでいるのは旧世代。２０１１年に「家計調査」史上、初めて1世帯あたりのパンの支出がコメを逆転したのです。日本人の間にこれほどコメ離れが進んでいるなんて！　このクライアントにとってても大きな衝撃でした。

クライアントなりに、なぜコメよりパンのほうがいいのかを調査したところ、最大の理由は、ご飯は面倒くさい、ということに集約されるのだとわかってきました。ご飯だとおかずやみそ汁をつくらなければなりませんが、パンなら、レトルトのシチューなどレンジでチンすればいいだけのおかずと合う。朝食ならパンとバター、ジャムだけでもすむ。菓子パンならばパンだけでもいい……とたしかにパンのほうがご飯より手間がかかりません。

もちろん、ご飯でもおにぎりやどんぶりものなら手間はぐんと少なくてすみます。

こうした結果から、このクライアントはコメの卸しのほかに、コメの調理品を販売する部署を立ち上げたのです。具体的にいえば、大手メーカーがなかなかつくらない、地域独自の炊き込みご飯のおにぎりやレトルト品を製造し、地域のコンビニやキオスクなどに営業をかけ、販売するルートを開拓していったのです。

コメは面倒くさいという意見、つまり、コメに対するクレームから新商品開発のヒントを得て、積極的に新ビジネスをつくり上げたわけです。

コメ卸しというビジネスにも将来的な不安要因がちらついていることも、新ビジネスに力を入れていこうという気持ちに拍車をかけています。

最近は大手商社がコメ卸しにも進出し、大型スーパーなどにコメを卸すようになっています。大手商社の取扱量はケタ違い。大量仕入れで徹底的にコストダウンを図るのです。

これまでにも書きましたが、中小企業は大企業と真っ向勝負をすることだけは避けなければなりません。勝負は価格競争にもち込まれ、資金力に限界がある中小企業にはまず、勝ち目はありません。

しかし、このクライアントは、地域の野菜や名産品を炊き込んだ郷土の味で勝負！という戦術にもち込みました。これには大企業も手も足も出ません。

ブランド米などをネットで消費者が生産者からダイレクトに買う動きも加速しています。

そこでこのクライアントは、1キログラムの少量パックをつくり、いくつかの有名ブランド米のパックを詰め合わせ、日替わりでいろんなコメを味わえるというアイデア商品を発売。ネットを中心に販売していますが、これも好評で順調に売上を伸ばしています。

卸し業専門のときはBtoBだけのビジネススタイルでしたが、**こうしてBtoCの販路も開けると、消費者の生の声を知る機会も増えます。その声から新たなヒントを得て、近く、コメ粉製品の製造・販売にも乗り出そうと意欲満々です。**

▼クレームは改善・改良、
さらに進んで新製品の成功のタネととらえる。

会社をつぶさずに、安定した経営ができる社長は
後ろ向きの考え方をしない。

私のセミナーはリピーターが多く、何度も足を運んでくださる経営者が多数おられます。時々、私はそうしたなかの1人から不意に、「昨日の売上はどうでしたか?」と聞くことがあります。

いうまでもありません。数字を知りたいというよりは、その経営者が日々の売上をどのくらいちゃんと把握しているかどうか、をチェックしたいのです。

こうして不意打ちすると、意外な事実が浮かび上がってくるのです。数字の把握もその1つ。意外なことに、昨日の売上を即答できない経営者は少なくありません。チェックするのは月末だけとか、ふだんの動きは営業部長などに一任し、社長は時々報告を受けるだけ、というところが少なくないのです。

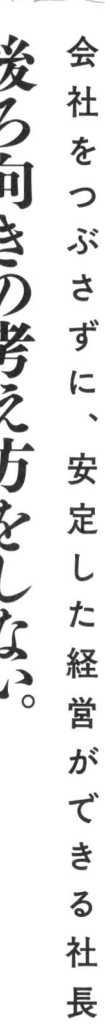

会社の規模にもよりますが、年商10億円規模ぐらいまでの会社なら、社長は数字の動きを毎日、チェックすべきです。

どんな小さな変化もまず、数字に表れます。といっても、数字の動きに一喜一憂するのではなく、数字の変化から自社のビジネスの大きな流れをつかみ、もし、ネガティブな変化の兆しがあれば、迅速に手を打っていかなければいけないのです。

社長が数字をチェックすることで会社にも緊張感が走ります。お金の流れをチェックすることは、会社の土台形成に欠かせないのです。

しかし、売上数字が落ちるたびにがっくりと肩を落とし、もう、このビジネスは成り立たないのではないかとか、やっぱり大手には勝てない、中国や新興国との価格競争には絶対勝てないなどとすぐに後ろ向きになり、嘆き節ばかり口にする方がいます。

社長が口にするのはネガティブな言葉ばかりだとしたら、社員はいっそう不安になるだけでしょう。社長は、実際に状況が厳しいとしても、前向き、ポジティブ、明るい発想を持たなければいけません。

社員や取引先、銀行の前では弱音を吐かないこと。暗い展望を聞かされれば取引先や

銀行は「要注意取引先」としてマークして、積極的な融資など受け付けなくなってしまう可能性がふくらむだけです。

後ろ向きになると経営者自身の気持ちもしだいにネガティブにしか働かなくなり、目の前の課題に挑んでいこうとする意欲もそがれてしまいます。

どんなに厳しい状況でも前に進む道は必ずあるはずです。社員などまわりの人に前向きに話していることがそのまま、経営者自身を励ます言葉にもなる。そんな効用もあるのです。

顧問先のなかで大成功している経営者の1人に、神戸で手広く婦人靴の製造・販売をしている方がいます。

この20～30年、婦人靴業界は大きく様がわりし、中国製の靴が市場を席捲しています。製造原価が低く、市場価格も低く、国産靴の市場をどんどん侵食しているのです。

この相談者は、それでも音をあげず、長年、神戸の経済、ひいては日本経済を底支えしてきた日本の製靴技術をすたれさせるのはあまりに残念だ、なんとか、神戸の製靴業が生き残っていく活路を探そうと必死に前を向き、前向きなチャレンジをどんどん試みたのです。

その結果、革に繊細なプリントを施す独自技術を開発し新製品をつくったところ、ファッションに敏感な層から注文が殺到し、新しい活路も成功させています。

また、最近の靴市場では高級スニーカーが人気で、1足数万円もするスニーカーが飛ぶように売れていき、さらに、世界でたった1足、自分だけのスニーカーをつくってほしいというカスタムメイド注文も驚くほど増えています。

販促方法もユニークで、まず、流行に敏感なフェラーリファンのグループにこのおしゃれなスニーカーをはいてもらい、それをインスタグラムにあげるなどSNSを活用したところ、ほとんど販促コストをかけずに、顧客層を広げることに成功しています。

苦しいときほど、ウソでもいいから前向きの明るい希望のもてる話をするようにしましょう。言葉でいい続けることで、夢が実現に近づくことになるのです。

▼苦しいときほど明るい言葉で、前向きの話をする。

会社をつぶさずに、安定した経営ができる社長は
小さいナンバー1から大きいナンバー1へ育てていこうとする気概がある。

私の相談者の多くは年商5億円から30億円くらいの中小企業の経営者です。実は、**経営はこのクラスが一番しんどい。もっと小さければ家内工業レベルでなんとかなるし、逆にもっと大きければ、あらゆる意味でスケールメリットを働かせられます。**

どんな大企業も例外なく、このしんどい段階を通過して大きくなったのです。

もちろん、どの会社もどんどん大きくなっていくとはかぎりません。ウミガメの赤ちゃんは1度に何十、何百匹と卵から孵《かえ》り、小さな手足を懸命に動かして海に向かいますが、後年、生まれた浜に産卵のためにふたたび帰ってくるのはそのなかのほんの数匹。いえ、もっと少ないかもしれません。

企業も同じです。ソニーもホンダも、ソフトバンクも京セラも、創業したときはまさに中小企業そのものでした。京セラが創業したときの社員数はわずか28名。現在の京セラは社員数7万人余。ソニーもソフトバンクもユニクロも、起業時には社員数名～数十名の小さな、小さな企業に過ぎませんでした。

そこから今日の大企業に成長するまでには、数えきれないほどの危機を乗り越えてきたはずです。

あるデータによると、日本の会社390万社のうち、設立1年後の生存率は60％、設立5年後では15％、10年後では6％。創立10周年を迎えられる企業は、100社中6社という厳しい道のりです。

しかし、どんなに厳しい道のりでも歩み続け、ついには日本を代表するような大企業へと成長していく企業もちゃんとある。これも絶対的な真実です。

消えていく企業と大きく成長する企業の違いは何なのでしょうか。

京セラの稲盛和夫さんは、私が最も尊敬する経営者の1人です。稲盛さんは、創業当初から、「この会社を世界一のセラミックスメーカーにしたい」と考え、社員に対して、いつもそう語っていたそうです。

このように、経営者自身が不《ふ》撓《とう》不《ふ》屈《くつ》の思いをもっていること。これは非常に大事なことです。

企業戦略的に見れば、厳しい競争社会のなかをどのようにして勝ち抜き、生き抜いていくかの戦略が明快であるかどうかも明暗を分けます。

稲盛さんのように、壮大なビジョンを掲げることは非常に重要ですが、実際の成長戦略では、最初から世界ナンバー1を掲げても身の程知らず、根拠のない幻想だといわれても仕方ないでしょう。

まずは、全社員一丸となってがんばればなんとか届く小さいナンバー1を目指すことです。

そこからしだいにナンバー1の規模を少しずつ大きくしていく。町や市のナンバー1から県でナンバー1、次には地域ナンバー1、さらに日本ナンバー1、そしてついに**世界ナンバー1とはい登るようにして、事業を発展させていくのです。**

ただし、事業は経営者の器以上には大きくなりません。何よりも、経営者の人間力、経営力が徐々に成長していくことが必須です。

社長の器が小さければ、その人が経営する企業もそこ止まり。特に企業の規模が小さいうちは、よりいっそう経営者の人格、経営力が問われます。

経営力を磨き、器を大きくしていくにはどうしたらいいのでしょうか。

私は、修羅場を踏むことこそ、人を大きく育てると思っています。私自身がまさにそうでした。140億円という借金を背負い、そこから抜け出すまでの8年間の修羅場。私の今日は、その日々があったからこそです。

つらいときには、これも世界ナンバー1に近づいていくために必要な過程だと考えましょう。そこを抜けたとき、見える景色は必ず大きく変わっています。

▼世界ナンバー1への道の一歩は小さなナンバー1から。

どの企業もこの順序を踏んでいった。

第3章

社長の基本③

社長の分析力

会社をつぶさずに、安定した経営ができる社長は

会社の基本的な数字をつかんでいる。

経営とはせんじ詰めればお金のやりくりです。お金をどう回していくか。それがうまくいっている企業は安定、成長していきますが、お金の循環が滞ってしまえば、それで終わり。どんなに輝かしい理念があろうと、画期的な商品があろうと、お金が回らなければそこで経営破たん、倒産です。

そうならないために必要なのは経営者が常に会社の数字をチェックし、把握していることです。

「それは当然でしょう。もちろん私も売上をチェックしていますよ」

経営者はそういいます。でも、会社経営にはいろいろな数字がからんでいるもの。それらの数字のすべてを把握しているか。それぞれの数字の裏に何が隠されているか。そ

れをちゃんと理解しているか。

それらをちゃんと理解している経営者は、順調にビジネスを発展させていきます。

ところが実際は、数字はちゃんとつかんでいると豪語する経営者のほとんどが、数字は知っていても、その本当の意味を理解していないのです。

数字の中身を理解できていないのでは、暗闇のなかを進んでいるのと同じです。よくこんな状態で進んでいけるものだ、とかえって心配になってしまいます。

実際に、その多くは黒字倒産という憂き目にあうのです。売上から経費を引けば利益は出ている。だから安心だと思っていても、キャッシュフローが足りない。帳簿上では利益があっても現実に回すキャッシュがない。そして倒産してしまうわけです。

倒産の54%は、数字上は黒字だという調査結果があるくらいです。

特に、負債状況はどうなっているのか、会社の返済能力はいくらなのか、いつ、いくら返済しなければならないのか、つまり、出ていくお金を正確に把握し、その意味を理解していなければなりません。

回転率や労働分配率や自己資本率など、むずかしい数字は知らなくてかまいません。

また、数字は日々変わるもの。頻繁にチェックしていなければ意味がありません。

私の相談者でも、PL／BSを毎月分析できていない企業が少なくないのです。前月、いくら儲かったかがわかっていない。それで翌月の経営が不安にならないのでしょうか。前月の在庫状態がわかっていないことも驚きです。私には理解できないぬるさです。

私は、相談者には毎月5日までにPL／BSを作成し、中身を十分理解するように、といっています。これを実施することは資金管理、在庫管理を徹底することにつながります。

実際、服飾販売業のある会社はPL／BSを毎月作成し、その数字の示すところを十分チェックするようにしたところ、経営状態がみるみる改善していきました。経営者の勘だけで経営していたのが間違いだと気づいたようです。

基本的な数字をしっかり読み、把握することは経営の基本のキ、だということです。

▼経営とは、数字の動きがすべて。

会社をつぶさずに、安定した経営ができる社長は

リスク分散をしている。

経営者はふだんから、常にリスクを意識していなければいけません。

私のところには、多くの起業志望者が相談にこられますが、誰1人例外なく、開業前の青写真は立派で輝いていて、当人も希望に満ちあふれています。

「私は接待で数えきれないほどの店に行き、いろんな繁盛店を見てきています。だから成功する自信があるんです」とか「ずっとマーケティング部にいましたから、売ることに関してはプロだという自負があります」などといって胸を張っていた方が、1、2年後には虎の子の退職金を使い果たし、閉店、閉業に追い込まれていきます。

特に脱サラの人は予測もリスクヘッジも甘く、自分目線で商売されている人が多いのです。

大企業にももちろんさまざまなリスクは押し寄せるのですが、1人ひとりの社員のところまでそのリスクは実感をもって伝わってきません。したがって、どうしてもリスク意識、リスク管理が甘くなってしまうのでしょう。

ある花屋の経営者のケースをお話ししましょう。そこの経営者は危機意識が非常に強く、ちょっとした心配ごとがあると、すぐに私のところにかけつけて、このリスクが現実化したときにはどう対処したらいいかを相談されます。

いつも感心するのは、相談に見えたとき、たいてい彼なりの解答をもっていることです。常日ごろからリスク対策をいろいろ考えているので、どんなリスクに対しても前向きに取り組む姿勢も確立しています。

そんな彼がいつも以上にシリアスな表情で相談に見えたことがあります。駅ナカなどに積極的に出店、全国展開をしているフラワーチェーンが彼の地盤である地域にも進出してくるという情報をキャッチしたからです。

彼の高校時代に小さな花屋を営んでいた父親が借金だけを残して他界。そこから歯を食いしばって借金を返し、規模も大きく広げてきた矢先です。

ライバルがブーケやギフト用のフラワーボックスを中心にした展開で勝負に出てきたら、デザイン力のない彼の店では太刀打ちできない。結果は火を見るより明らかだ。そう考えた彼は「いままで以上に地元に密着して、名実ともに、地を這うような戦略で攻める」と私に決意を伝えました。

具体的にいえば、地域のレストラン、料亭など週に1、2回は花を総入れ替えするお得意先をさらに増やす、生け花教室やフラワーアレンジメント教室などに食い込み、レッスン用の花を届ける……など。

レッスン用の花材を確保すると収入の安定につながることはいうまでもなく、さらに、花屋の経営の泣きどころである残花を最小限度にとどめることができるので、経営効率が飛躍的に上がります。

この地を這う作戦が当たり、大手の進出にもかかわらず、彼の花屋はいまも地域ナンバー1の地位を守り抜いています。

いまや国内約3000店舗、海外1500店舗を展開し、年商4200億円という大企業に成長した100円ショップのダイソー。運営する大創産業の創業者である矢野博丈《ひろたけ》社長は、それまで何度も失敗、挫折を繰り返し、追い込まれるような形で売れ残り品を安値で売る店を始めたところ、これがヒット。

当初は最低限の人数でビジネスをしていたため、値札を張る手間を惜しんで均一ショップを考えついたということからも創業時の苦労がしのばれます。

年商1億円の企業にするのが夢だといっていた矢野社長はその4000倍以上もの企業に育て上げながら、つい最近まで、「週に2、3日は眠れない」ほどダイソーのさまざまなリスクが頭を離れなかったそうです。

社員にも「大創産業は必ずいつかつぶれます。そんな会社をなんとか生きながらえさせるためにも社員1人ひとりががんばってほしい」と繰り返し、いっていたそうです。

こうして常にリスクを忘れない経営によって、ダイソーは2位以下の競合を寄せつけず、最近では海外出店を加速するなど、勢いのある経営を続けています。

目まぐるしく市場環境が変わる時代、事業の多角化は場合によっては最大のリスクヘッジになることがあります。

いままで本業でやっていた市場が細り、反対に、副業だと考えて、とりあえず手をつけた新ビジネスが予想以上に大きく成長して、いまや本業以上に伸びている。そんな例はいくらでもあります。

ただし、新ビジネスを始める場合は、絶対に既存会社でやってはダメですよ。新たに別会社を立ち上げてやりなさい。私は口を酸っぱくしてこういっています。

ある相談者の例です。時代の流れとともに本業が思わしくなくなってきました。そこで新たに借入をして海外展開を図ったのですがこれもうまくいかず、結局、借入がふくらみ、赤字経営に転落。そこで新規事業を2つ立ち上げました。

1つは飲食業のFC、もう1つは海外からの食品輸入です。この2つはどちらも非常にうまく進み、堅実に利益を生むようになってきました。

しかし、本体の借入金の返済がきついため、いまも赤字経営から抜け出せません。本体事業と同じ会社で新規事業を立ち上げたため、新規事業の利益も本体事業の不振に飲み込まれてしまっている状態です。

もし、完全別会社で新規事業を立ち上げていたなら、本業を見切って新規会社で新た

な再出発を図ることができ、旧事業の会社は整理することになるでしょうが、ビジネスそのものの流れは先へ先へと成長させていくことができたはずです。

リスク分散がいかに大事かを物語るケースです。

▼危機意識、リスクヘッジが強すぎてつぶれた会社はない。

会社をつぶさずに、安定した経営ができる社長は

営業力以上に経営力が大事だと認識している。

独立、起業した人で最も心配なのは意外にも、営業力に自信があるタイプです。営業力があるので独立早々から仕事は順調に広がり、売上もきっちり確保。確実な入金があるので経営にも不安がなく、自信満々、絶好調だと考えがちだからです。

営業1本でやってきた人は売ることには長けているのですが、経営についての知識は希薄で、素人同然の方が多いのです。「**経営とは何をどうすることなのか」さえわからず、周囲にそれを教えてくれる人もいないので、ただただ売上を伸ばすことにいっそうエネルギーを注ぐだけになってしまいがちです。**

このタイプの経営者にとって一番怖いのは、営業力がマックスに達し、売上の伸びが

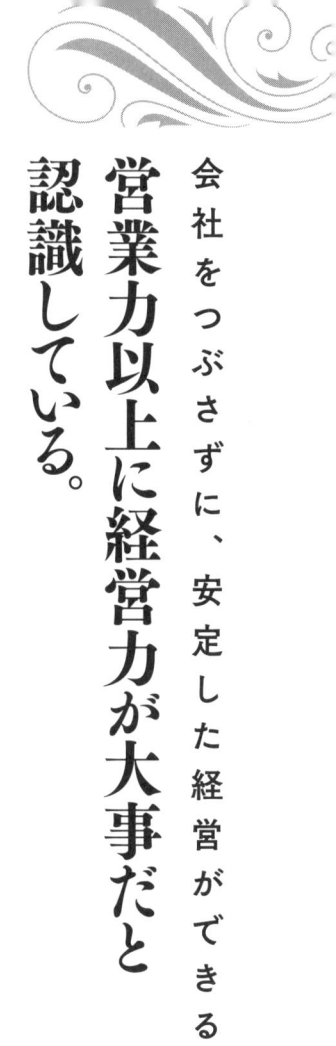

止まり、さらには売上低下が始まったときです。営業力で売上を伸ばすことしか知らないので、攻めから守りに転じたときの切り替えができないのです。

どうしていいかわからず、不安を抱えたまま、それまでどおり、営業拡大1本の経営を続けていても下降カーブを止めることはできません。

こういう事態を予測して、絶好調のときから、経営についてイチから勉強する努力を怠らないことが肝心です。

きっかけは1冊の本でもいいのです。私も膨大な借金で苦しんでいたとき、なんとなく書店に足を踏み入れ、偶然、1冊の本に出会ったことで再生への勇気をもらい、そこから本格的に、再生への道を歩み出しました。

経営セミナーを受講したり、コンサルタントに相談に行くことも経営について勉強する1つのチャンスです。私自身、現在、それを仕事にしているのにこんないい方はなんですが、セミナーもコンサルタントも玉石混交。うわべだけの話をされ、実践にそぐわないところも少なくないのが実情。しかし、それを経験し、〝石のなかから玉を見つけ出す〟ことも貴重な勉強になります。

こうして「経営とは何ぞや」と関心を抱き、知識を深めていくと、しだいに売上を伸ばすことだけが経営ではないことがわかってくるはずです。

私の相談者のなかにも、「売上を伸ばすのはもう限界だ」というので、とことんヒアリングしてみると、まだ、こんな方法があったんだと見逃している余地が見つかることがよくあります。

経営はバランスですから、その一方で、ロスをしている部分はないか、採算効率を引き下げる穴がどこかにあいてないか、をチェックすることも大事です。

私の相談者に、こんなケースがありました。

ある紳士靴販売をされている経営者は、売上を伸ばすことばかり考えていました。銀行借入方法も未熟で、資金調達がうまくできず仕入資金にも悩んでいました。ですが、経営とはなんぞやを理解し始めてからは、商品も海外高級ブランドから自社ブランドに比重を変え、その結果利益率も大きく改善し、いまや売上も利益も絶好調になっています。

別の例では、大手通販会社に商品納入と物流も行っていた会社は、取引のほとんどを占める通販会社に振り回されてきた経営から、自立した経営に転換を図っています。いままでのサービスで行っていた物流ノウハウを生かし、物流会社に大きく転換し、将来性バッグンの会社に変身しようとしています。

こうした例が物語るように、営業数字だけを見るのではなく、事業全体のバランス構造を眺め、全体的に見直す。こうした視野がなければ経営は成り立たず、持続していくこともむずかしいことを、いつも脳裏に刻んでおくことです。

▼営業力と経営力の違いがわかっているか。
自分に問いかけてみよう。

会社をつぶさずに、安定した経営ができる社長は
キャッシュフローを健全に保っている。

経営とはお金のやりくりだといいましたが、もっと正確にいえば、キャッシュフローを健全に保っていくこと。キャッシュフローが健全でないと、帳簿上は利益があることになっていても、実際は現金不足で支払いができず、経営が行き詰まることがよく起こるのです。

キャッシュフローとは具体的にいえば現金の流れのこと。企業活動では、ビジネス取引をして売上をあげても、売上を実際に手にするまでに、時間差があるのが普通です。どんなに大きな売上をあげても回収がうまくいかず、キャッシュフローが正常に保たれていない場合は、帳簿上儲けは出ているのにお金が回らなくなり、黒字倒産に追い込まれてしまうのです。

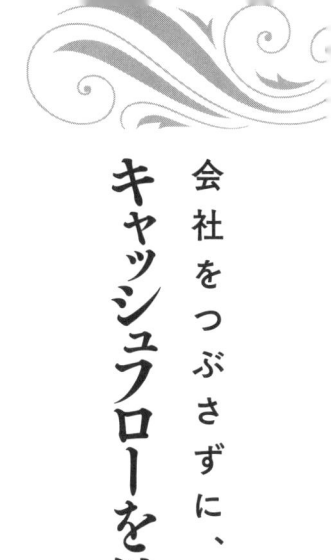

自社のキャッシュフローがどうなっているかを示すのが「キャッシュフロー計算書」です。具体的には、「営業キャッシュフロー計算書」「投資キャッシュフロー計算書」「財務キャッシュフロー計算書」の3種を作成するのが一般的です。

「営業キャッシュフロー計算書」は商品の販売やサービスの提供など、日々のビジネス活動から得たキャッシュを示すもので、その会社の本業が実際に稼いだお金を知るためのもの。

「投資キャッシュフロー計算書」は固定資産の取得や売却など、事業を維持するために必要な資金を表すもの。

「財務キャッシュフロー計算書」はビジネス活動を続けていくための資金が不足したときにどのように資金調達を行い、また、返済したかが示されています。

「キャッシュフロー計算書」を見ていると、売掛金とは正体不明、ゴーストといいたいような数字であることに気づきます。

懸命に営業努力をし、売上を獲得したのに、実際はお金になっていない。売上数字がいくらあっても、回収できていない売掛金はなんの役にも立ちません。売掛金は放っておかないで、断固、取り立てなければいけないのです。

売掛金が回収できないといって相談に見える経営者のなかには、1年以上も放置している例もあって、これにはあきれるほかはありません。**本気で回収しようとするなら、支払い期限が過ぎたらすぐ、間髪を入れずにたたみかけないとダメです。**

1年以上も支払わないなんていう相手はそうとうにしたたかです。作為的に支払わない、つまり、できるだけ支払いを延ばそうとしており、不払いの場合のこちらの出方をじっとうかがっている可能性は十分あります。

「初動がすべてを決める！」

神戸・三宮一帯でかなりのシェアを占める貸しビル業や飲食業を営んでいたころ、家賃の滞納は日常茶飯事。ビジネス展開を図るというより、不払いの家賃回収や飲食業の売掛金の回収のほうが仕事の多くを占めていたといってもいいくらいでした。

このとき、得た実感が初動の重要性です。

相手はじっとこちらの動きを見ているのです。初動でナメられたら回収できるものもできなくなると考えて、断固、強硬な態度を貫く覚悟で取り立てなければなりません。

次に大事なのは「しつこさ」です。毎日でも取り立てに行くこと。私はとにかく毎日顔を出し、1万円でもいいから取り立てたものです。

債務の確定ができたら、相手の取引銀行支店を調べて、片っ端から差し押さえをすることも欠かせません。

ここで回収できなかったら、会社がつぶれる！　その気持ちを前面に押し出し、何としてでも回収し、キャッシュフローを改善することに全エネルギーを注ぐ。

これが経営者の仕事なのだと割り切って、何よりも真剣に、不退転の決意で売掛金の回収に全力を注いでください。

▼売掛金を放っておく経営者なら、会社はつぶれて当然。

会社をつぶさずに、安定した経営ができる社長は
支払いの原理原則を守っている。

「私のところは無借金経営で、すべて自己資金でまかなっているんです」と胸を張る経営者も少なくありません。自己資金が豊かにあって、滞りなく回っている。新たな投資に回す資金もそれなりにある……。**無借金経営という言葉から想像するのは理想的な経営の姿だといっても過言ではない、と思い込んでいるのでしょう。**

これは大きな間違い。私の答えは「借りられるものなら借りておけ！」です。

経営とはお金のやりくりだと述べてきました。そのお金は、はっきりいえば、どんなお金でもいいのです。通常、開業資金や運転資金は銀行など金融機関から融資を受けてまかないます。同じプロジェクトのために複数の銀行から借りてでも、投入資金が大き

ければ大きいほど大きな勝負ができますし、それだけ大きな成果も見込めます。

次章でふれるように、銀行とのつき合いはなかなかむずかしいところがあります。特にバブル経済の崩壊後、さらに近年の低金利政策で収益源が細っている銀行業界自身、経営維持に苦しんでいる事情もあるのか、気概を失い、サラリーマン化した銀行マンが増えているようにも感じます。

それでも彼らは金融のプロ。経営ノウハウの蓄積や多種多様なビジネスモデルを知っているという利点もあります。

しかも、現在は一般的に〝金あまり〟時代。おまけに金利も最低水準といっていいくらいです。そのため、ここは有望だという会社には必要以上にどんどん貸し付けようとする傾向も見られますが、融資話を受けるか受けないかは、最終的には経営者自身が判断すればいいのです。

経営状態がよく、無借金なのだから、銀行に融資を申し込めば二つ返事で貸してくれるだろう。無借金経営者はついこう考えがちです。

実は、銀行は、融資実績のない企業にはめったにお金を貸しません。銀行は、借りて返した実績を評価するのです。そうした実績がない無借金経営の会社は、財務状態が優

良であってもお金は借りられない。

たとえば自然災害で工場が被害を受けたとしましょう。保険金で工場の再建資金はまかなえますが、営業再開までのつなぎ資金はどうするのでしょう。あわてて銀行に駆け込んでも、銀行はそれまでつき合いがある企業を優先し、一見《いちげん》さんなど相手にしません。

資金力に乏しい中小企業であればいっそう、無借金経営より借金経営で、銀行と積極的に、戦略的につき合う。これが中小企業の正しい経営のあり方です。

私の印象では、多くの経営者が銀行と〝へっぴり腰〟でつき合っている傾向があると感じています。

融資を止められたらたちまち事業が行き詰まる。だから銀行は怖い。そう思い込み、多少、手元事情が苦しくなっても、銀行の返済だけは滞らせてはいけないと、ほかの支払いをストップしても銀行には律儀に返済を最優先するのです。

その結果、どうなるか。ある飲食店チェーンのお話をしましょう。

チェーン店を30店舗ほどにまで広げ、かなりの知名度もあったある飲食店チェーンのケースです。10年ほど前に創業し、順調に売上が伸びたことから銀行の積極的な支援を受け、特にここ数年は急ピッチで出店攻勢をかけ、好調な業績でした。

飲食業界は競合店が多いうえに顧客は必ず飽きるのです。行列ができる店と評判だったところにその後行ってみると結構すいていたという例は枚挙に暇がありません。

この店も例外ではなく、徐々に客足が落ちてきて、ついに資金繰りが苦しくなってきてしまいました。このとき、経営者は銀行への返済を最優先し、取引先の支払い、さらには税金や従業員の社会保険費用などを滞納するようになっていったのです。

取引先の支払いが遅れれば、当然、仕入れに支障が出るようになり、毎日の商売に即、影響が出てきます。税金や社会保険料は滞納すると驚くような高い延滞金が課せられます。さらに、こうした延滞金があると銀行から新たに融資を受けることはほぼできなくなってしまいます。

税金の滞納には、差し押さえという伝家の宝刀があることも忘れてはいけません。

つまり、支払いにも優先順位がある!!　取引先への支払いや税金・社会保険料など

がファースト。銀行への支払いは一時的に「ちょっと待ってください」で切り抜ける。このことを脳裏に刻み込んでおいてください。

先にあげた飲食店は取引先や税金などを滞納してしまった結果、追加融資を断られ、八方ふさがりになってしまいました。現在は、まず優先順位の高いところの滞納をクリアにしたうえで銀行にも理解を求め、経営再建の道を模索中です。

▼支払いにも優先順位があることを知る。

会社をつぶさずに、安定した経営ができる社長は
人に頭を下げられる。

お金を回す、特に手元資金が足りないときには、

・支払いや返済を待ってほしいと頼む

・お金を貸してほしいと頼む

いずれにしても、人にかなりのムリを頼まなければならない状況に追いやられます。

ほかにも、日々、経営にあたっていれば、ちょっとした手違いがあったり、ミスをしたり……。お詫びをしなければならないこともよく起こります。

こうした機会に、誠心誠意のお願いやお詫びであることを態度で示さなければなりません。そのために、頭を深々と下げることは当然のことです。

ところが、経営者のなかには、この当然のことができない人が多いのです。

企業規模の大小にかかわらず、経営者はその企業のトップです。ふだんは、あまり人に頭を下げる立場ではないのでしょう。なかには、「ペコペコ人に頭を下げるのがイヤだから、起業したのに」という人もいるかもしれません。

もしそうなら、その思惑は完全にハズレです。責任ある立場であればあるほど、真剣に人に自分の思いを伝えるべきシチュエーションがあるのです。部下のミスも経営トップのミスですから、とにかく人に頭を下げることが多い。経営者とはそういう立場であることを認識しておくべきでしょう。

私は、本当に、どうしてもそうしてほしいことならば、頭を下げることに抵抗感はなく、自然に頭が下がるものだと思っています。

周囲を見ても、真摯にやりたいことを見つめ、それなりの結果をきちんと出している人ほど腰が低く、しかるべき状況では礼儀正しく頭を下げています。

頭を下げるというと、土下座を連想する人もいるでしょう。だとしたら、それはテレビドラマの見すぎだといいたくなります。土下座シーンなど、選挙運動で劣勢にある候補者や、不祥事を起こした企業の経営者がするパフォーマンス程度で、普通の日々で土下座をするシーンはまずありません。

最近では、土下座は、謝罪というより、なりふりかまわぬ自己保身のための演技というイメージさえあり、よほど状況が整っていないかぎり、かえって逆効果になってしまう可能性さえあると考えられています。

頭を下げることと並んで、有能な経営者かそうでないかを分けるのは、ダメもとで交渉できるかどうか、です。

ダメもととは、あまり実現性がないとわかっている依頼ごとでも懸命に交渉し、予想外の結果を引き出し、ムリを現実に変えてしまうこと。

交渉してみないうちから「いくらなんでもムリだろう」とか「そうできればいいんですが、できっこないですよね」といい、ダメだと決めつけて何もしない経営者によく出会います。

しかし、ものごとは実際にやってみなければわかりません。

私が140億円の借金から脱出するときも、思いどおりにいかないことが続出しました。普通ならそこでもうお手上げでしょう。私はそういうときほどダメもとで交渉し、深々と頭を下げて、誠心誠意お願いし、その結果、窮地を脱出できた。そんなことが何度もあったものです。

状況から見たらムリだろうと思うようなことでも、あきらめずにダメもとで交渉し、何度も頭を下げて、ムリを覆して結果を引き出す。こうした底力がある経営者は、どんな状況からでも必ず復活し、最終的には成功に向かっていきます。

▼人に頭を下げることは誠意を示す行動。
けっして屈辱ではない。

会社をつぶさずに、安定した経営ができる社長は

取引先とウイン・ウインの関係づくりをする。

法人という言葉がありますが、企業も人も、生きていく原則に大きな違いはありません。人は1人では生きていけません。企業も同じです。

本来、ビジネスは相手がいなければ成り立たないもの。取引先がなければビジネスは成立しない。この当たり前のことをしっかり理解している経営者は、なぜかあまり多くはありません。

取引先と混同しやすいのが得意先です。取引先と得意先、この2つは広い意味では同じですが、一般的には得意先は顧客をさし、収益のもとになる大事な存在です。得意先を失うことはその企業にとっては致命的なダメージになるため、どの経営者も得意先は

非常に大事にしています。

一方、取引先は仕入れ先、製造の依頼先などビジネス・パートナーというべき存在をさしています。販売業なら、取引先からものを仕入れなければ売るべき商品がなく、ビジネスができません。製造業や飲食業では、材料の仕入れ先との関係がうまくいかなくなれば、その日から仕事にさしさわりが生じてしまいます。

取引先との関係性を良好に保つことも、経営にとっては営業活動と同じく、非常に大事なことだと認識していなければなりません。

少し前まで、取引先は下請けと呼ばれたりして、発注企業から高圧的な態度をとられることも少なくなかったものです。そのマイナスイメージを嫌うためか、最近は協力企業ということろも増えています。しかし、関係性はあまり変わっていないようです。

協力企業は親会社（発注企業）から、たとえば機械部品などの製作を依頼され、一定数を納期までに納入する。発注企業はそうした部品を使って完成品にして市場で販売したり、より最終工程の企業に納品したりします。

仕事を発注する→仕事をもらって製品をつくるなどして納品する、それでお金をもらうという関係からか、往々にして、発注企業が上、取引先は下という力関係だと考えがちなのでしょう。発注企業が強い態度をとり、一方的に契約条件の改変をもちかけ、強引により厳しい条件を飲ませる。いまも、取引先とそんなつき合い方をする企業があるのです。

私が顧問を引き受けている企業のなかにも、大手企業と取引ルートがやっと開けたと喜んでいたところ、1年ほどたったころから大幅な値引きを要求され、その取引は赤字に転じてしまった例があります。

それでも、従業員の雇用を守るために、仕事はあるほうがいい、また、次は採算のとれる新規の発注があるかもしれないと期待をもち、下請け企業はその要望を飲み、仕事を続けていくのです。

しかし、こうした取引を続けていると、下請け企業はやむなく、安い素材を使ったり、職人を減らしたりするようになり、製品のクオリティは落ち、発注企業の完成品のクオリティにも影響が出てきます。

下請け企業も適正な利潤が得られる範囲を守ってつき合っていかなければ、結果的に発注企業も、自らの顧客の信用を失うことになり、共倒れになる。こういうケースはけっして少なくないことを肝に銘じておくべきです。

私は父の興した会社の経営を手伝うようになり、ビジネス社会に足を踏み入れたので、初めは父の命令に従って仕事をするしかありませんでした。

父は戦後の混乱期にビジネスを興し、一代で地域ナンバー1に成り上がったこともあり、ものすごいワンマンでした。自分にも厳しい人でしたが、息子の私にも、さらには取引相手にも厳しく、強引に値引きをさせることなどよくあったものです。

それを見ていた私は、父を反面教師にして、取引先にも利益が出る、当然、こちらも利益を得るというウイン・ウインの関係づくりを目指しました。

ウイン・ウインの関係からはお互いの信頼関係、親密な関係が生まれ、共に繁栄に向かっていけるのです。

真のビジネス・パートナーとは、共に喜びあえる関係、ウイン・ウインの関係でなければなりません。

▼取引先も自社もどちらも適正な利益が得られる関係性をつくる。

会社をつぶさずに、安定した経営ができる社長は

捨てる勇気をもつ。

1人で、あるいはごく少人数で立ち上げた会社をここまで大きくした……。その達成感、満足感ははかりしれないものでしょう。あるいは、何代にもわたって受け継いできた会社。こうした会社を率いているという誇りも、他人には想像もできないほど大きいものだと思います。

ところが相談者のなかには、そういう会社でありながら、いえ、そういう会社だからこそ身動きがとれなくなってしまい、どうしたらよいかわからなくなって、私のところに助けを求めてこられる、そんな方が少なくないのです。

事情を聞かなくても、その理由はわかります。しかし、私は、展開している事業の1

つひとつについて、じっくり腰を据えてヒアリングしていきます。人に話すことによって、自分が抱えている問題をあらためて整理できることが多いからです。

このヒアリングの結果、ほとんどのケースで、かつては繁栄の基盤であり、その企業の誇りであったものの、いまでは利益は生んでいない、あるいは赤字をたれ流している……。**つまり、現在ではただの〝お荷物〟になっており、経営の足を引っ張っているだけの事業や資産を抱え込んでいることが明るみに出てきます。**

経営が順調で、そうした〝お荷物〟を背負い続ける余力があるならいいのです。でも、現状は、身動きがとれなくなるほど追い詰められている。

こうした場合は、なんとしてでも〝お荷物〟を切っていかなければいけません。

長年、その企業を支えてくれた事業や資産であれば、こだわりがあることもわかります。プライドが許さないという気持ち、周囲に対する意地もあるでしょう。

しかし、赤字事業はどんどん切り捨てて会社を健康体に戻し、維持・発展させていくことが経営者の責務なのだと腹をくくらなければいけません。

事業にも〝旬〟があり、賞味期限もあります。それが過ぎたものは潔く、ばっさり処分しなければいけないのです。

事業を続けていくためには、賞味期限が過ぎる前に手を打ち、変革・革新を続けていくことが求められるのです。賞味期限が過ぎた事業を捨てる覚悟と度胸がないようでは経営者失格です。

私が大きく展開していた不動産賃貸業にヒビが入ったのは、阪神・淡路大震災で40億円の損害をこうむったことからでした。経営に問題があったわけではない自然災害。しかし、嘆いているヒマはありません。すぐにでも再生を始めなければ、家族や従業員が暮らしていくその日のお金にも困ります。

国や自治体もそれなりの優遇措置を講じるなどの手はさしのべるものの、損害からの再生は最終的にはすべて経営者の肩にかかってきます。企業を経営していれば、こうしたことも起こり得るのだと痛いほどに思い知らされました。

その再生の過程で私が取った策も〝大手術をする〟ことでした。事業再生のためにあらためてチェックしてみると、創業者である父の思い入れや意地で保有していた事業やいまとなっては不要となった事業もたくさん抱えていることがわかったのです。

しかし、父は、どれ1つ手放したくない、やめたくないといい張ります。手塩にかけて育ててきた事業ですから、その気持ちも十分すぎるほどわかります。

でも、そのまま放置していたら、健全経営が成り立っている部門まで不採算部門が侵食し、最終的には倒産することが目に見えていました。そうなれば一家は破滅です。

そこで、私のやり方に邪魔をするなら「破産申請」を出すといって父を納得させ、思いきって大ナタをふるいました。そのおかげで、なんとか家族のその後の生活まで破たんするような事態を防ぐことができたのです。

船井総研の小山政彦前会長は「社長の決断で最もむずかしいことは捨てることだ」といっておられます。逆にいえば、捨てることができて初めて、本物の社長だといえるということです。

▼賞味期限切れの事業や資産を捨てるタイミングを見失わない。

会社をつぶさずに、安定した経営ができる社長は

借りをつくらない。

「どこかいい取引先を紹介してくださいよ」とか「A社とは懇意にしておられるのでしょう。ぜひ、今度、A社の社長にお引き合わせください」というように、人の人脈や人の得意先に便乗しようとする人は少なくありません。

でも、こうした他力本願的な発想でビジネスを進めていっても成功は望めないと頭に叩き込んでおいてください。

こうしたやり方は、仮に紹介してもらったとしても、必ず、〝借り〟が残ってしまうからです。自分の道は自分で切り拓く。ビジネスでもそれが基本です。

人生は相見互《あいみたが》い。紹介したり、紹介されたり。いわば、ギブ・アンド・テイクで成り

立っているといってもよいと思います。

しかし、これまでの経験からいうと、ギブ・アンド・テイクという関係はあんがい成立しないもの。人には気性や、あるいはその人なりの生き方があるからでしょう。ギブする人はどんな場合もギブし続けることが多く、反対にテイクする人はテイクばかりを続けることが多いのです。

「～してくださいよ」と人を頼る人はテイクの連続。「借りをつくりっぱなし」ということなのです。社会にはそうした借りにつけ込む人もあり、小さな借りを重ねていくうちに泥沼にはまって抜け出せなくなり、さらに借りに走った結果、ビルを取られてしまったというような例もいくつも見てきました。

人から何かを頼まれたとき、気軽に動いてくれる人のなかには、相手のためを思って動いているのではなく、自分の利を計算して動いている人も少なくないことも知っておきましょう。

すぐに人を頼る相手に対しては、そうした甘い考えにつけいってくるのです。

私の母は「人に借りをつくるんじゃないよ」。「もし、借りをつくったなら、必ず、返すんだよ」と口ぐせのようにいっていました。さらに、「同じつくるなら、貸しをつくる側の人間になるんだよ」とも。

ビジネスのことなど何も知らない母でしたが、母なりの人としての真実を伝える人生観は、ビジネスにも通じるものだったのです。

これまで多くの経営者と出会ってきましたが、借りをつくって成功した経営者は見たことがありません。

反対に、貸しをつくっておきながら、相手に何かを要求することもなく、淡々としている……。そういう経営者はほとんどがビジネスを成功させています。同じつくるなら、貸しをつくる人になる。それも、何かを要求するわけではなく、相手のために役立つことに喜びを感じる。そういう経営者の前には、自ずと成功への道が拓けていくものです。

▼借りはつくるな。つくるなら貸しをつくれ！

会社をつぶさずに、安定した経営ができる社長は

個人資金を会社の経営に注ぎ込まない。

「私の会社は……」「私の会社の場合ではですね……」という言葉が口ぐせになっている方がよくいます。自分が起業し、ここまで苦労して育てた会社はわが子同然。「私が……」「私が……」と連発したくなる気持ちもよくわかります。

そうした経営者がよくやりがちなのが、経営が苦しくなると、自分の個人的な資金を会社の資金不足の穴埋めに使い、当面の帳尻を合わせることです。

企業経営を志すならば、これは絶対にやってはいけないことだということを、まず、しっかり頭に入れておいてください。

いわゆるパパママストアならば、経営者の家の買い物のお金をちょっと借りるだけだとレジからもち出したり、反対に、取引先が集金に来たようなとき、足りない分を経営

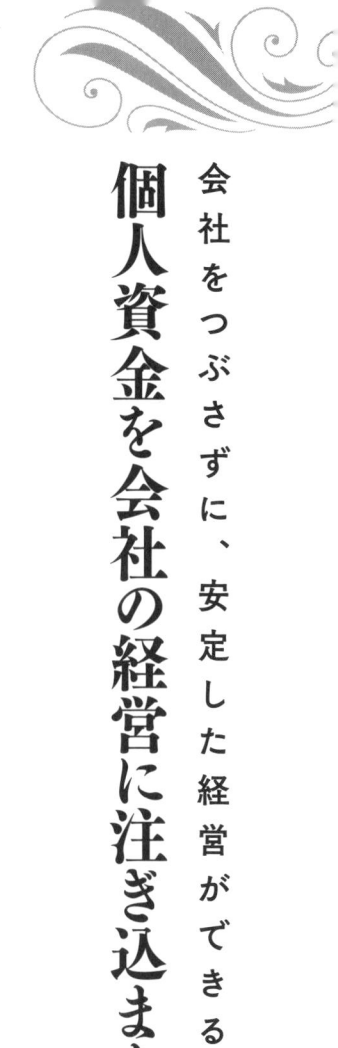

者の個人的な財布から支払ったりすることもあるかもしれません。しかし、仮にも会社を経営している以上、こうした公私混同は絶対に避けなければいけません。

会社の経営はあくまでも会社のお金でまかなうものです。資金繰りがショートし、支払いに困るときは、しかるべきステップを踏んで金融機関から融資を受けて支払いをするのが妥当です。

そんなことくらいわかっている。でも、銀行から融資を受けるまでには時間がかかる。窮余の一策で今回だけ、つなぎ資金に個人資産を切り崩したのだ。たいていの経営者はこう釈明します。

ところが、ものごとはたいてい、1度が2度になり、2度が3度になり、気がつくとそれが常態化してしまっている……、ということになっていくものです。

最初の一歩を踏みとどまれるかどうか。ここで勝負が決まります。

銀行の返済に困って、これまで懸命に仕事をし、蓄えてきた預貯金や先祖代々の資産を売却して、懸命に返済していく。気がついたら、預貯金は底をつき、代々の資産も人手に渡ってしまった……。

こうなるともう後の手はありません。担保にするものがなくなってしまったのですから銀行もあっさり見限り、去っていくでしょう。再生しようにももはや、どこからも資金調達ができません。

私が莫大な負債を抱えてしまったとき、最初にしたことは家族を集め、何がなんでも会社を再生する、といい渡したことでした。三條コーポレーションは売上規模30億円程度でした。実態は父が社長、息子である私などが役員に顔を並べる典型的な家族経営企業でした。ですから、何よりも家族の結束が大事だったのです。

同時に、家族のお金を差し出すことの愚を説き、そうした資金があれば、返済を終えて、再生への一歩を踏み出すときに使おうと話し合いました。

個人資金を会社に投入することは自爆テロ、いや、特攻隊と同じだと私はよくお話ししています。突っ込んでいった結果、経営者の家庭も会社も、皆、なくなってしまって、それで終わり。

そこまで覚悟ができているなら、事業を縮小したり、会社の不採算部門を切り売りしたりするなど、延命策はまだきっとあるはずです。

個人の資産は、万一、会社が倒れてしまった場合を想定し、その再生資金に使うようにすべきです。

同様の意味で、社長が経理部長を兼ねることも企業発展を妨げる大きなネックになるものです。社長と経理部長ではおのずとなすべき仕事が異なります。

中小企業の生命線は資金繰りです。しかし、日々の資金繰りや経理処理を社長自らがやっているようでは、会社の発展は望めません。

社長が会社の数字をチェックすることが大事だと前述しましたが、社長には社長の仕事があることをもっとシビアに自覚してほしいのです。

社長は、会社全体を見回すこと。さらには3年後、5年後という将来の発展計画をつくること。それを実現するための資金調達など、未来形の仕事に力を注ぎ、会社全体を引っ張っていくことに全力を注いでください。

▼経営資金に個人の資金投入を、という思いがちらついたら赤信号。

会社をつぶさずに、安定した経営ができる社長は

子どもに会社を残すことにこだわらない。

自分が立ち上げた企業を息子など次代に継承させ、何代も続けていく。これは創業社長なら誰でも見る夢でしょう。

世界的に見ても、日本の老舗企業の数の多さは圧倒的です。2008年に韓国銀行がまとめた報告書によると、創業200年以上の歴史をもつ世界の5586社のうち3146社は日本の企業で、実に全体の56%を占めています。うち、上場企業は469社。東証1部にかぎっても322社もあるそうです（Record China 2012年）。

残念ながら2005年に破産してしまいましたが、それまで日本最古だったのは寺社建築を手がける「金剛組」。578年、聖徳太子によって百済から招かれた宮大工によって始められた企業だというのですから、絶句してしまいます。ちなみに、現在、日本最

古の企業は705年創業の山梨・西山温泉の旅館「慶雲館」です。

なぜ、日本企業には老舗企業が多いのでしょうか。日本の企業は家族的経営が多く、血縁を大事にして次代に継承していく傾向が強いからだと、私は考えています。

最近は、事業を継承していくことそれ自体が非常にむずかしい時代になっているとつくづく感じます。少子高齢化の影響がじわじわと日本の経済基盤そのものにおよんできて、あらゆる業界のパイが急激に縮小してきているからです。

私のところにも、売上が減少し、利益も圧縮されてきている。将来に明るい希望はもちにくいが、それでも息子や娘に事業を継いでもらいたい。でも、苦しいことがわかっていて継がせていいものかどうかと苦慮している経営者が次々、相談にこられます。

こうしたとき、私が出す答えは「NO」です。

だからといって全否定ではありません。企業は継承しないが、事業は引き継いでいく。そういう方向を探ったらどうでしょう、と提案しています。

古きよき時代の置き土産のような、借金つきの企業を継いでくれ、といわれれば、子どもも戸惑うばかりでしょう。苦しい経営を引き継げば、ほとんどの場合、継承した子どもはさらに苦しい経営を強いられることになります。

こうした場合には、思いきりよく企業継承はあきらめたほうがいい、いや、あきらめるべきだと私は断言しています。

すると、多くの経営者は、「〇〇地方では古くからの名門として名前を知られているのに、そんなことはみっともなくてできない」とか「代々の経営者に顔が立たない」などと見栄や体裁をもち出してくるのです。

代々続いてきた会社だから見栄がある、体裁が悪い、だからやめられないという理屈は通りません。すでに行き詰まり感が出て、赤字に転落しているようなら、代替わりを考えるタイミングに、企業を収束する方向に向けて検討を始めるべきでしょう。

そのかわり、それまでの企業経営の核になっていた事業、コアコンピタンス（競合他社を圧倒的に上回る事業）をしっかり残し、それをさらに磨き上げていくのです。**つまり、将来性が見込める事業に経営資源を集約し、次世代に継承させていく方向を選択するということです。**

「息子が後を継ごうとしない」「後継者がいない」と泣き言をいう経営者が増えていますが、こうして見込みのある事業を核に新会社をつくれば、新会社は借金ゼロからのスタート。身軽な状態でスタートを切ればフットワークも軽く、有望市場で先頭をきって進んでいけるのです。息子さんなど後継者も将来に希望を感じて、考えを変える可能性はけっして小さくないでしょう。

その一方で、負債を抱えた企業のほうは、思いきって清算します。ウミを出し、血を流すこともあるでしょうが、少なくとも現在以上に状態が悪化し、すべてを失うよりはずっとよい結果が得られるはずです。

何よりも、事業を継承した次世代は明るい希望をもって、新たな事業に挑んでいくことができるのです。次の世代を思うなら、こうした道を用意し、新たな挑戦に送り出してあげるのが親心。先代社長のやるべきことではないでしょうか。

▼企業を継承させるのではなく、事業を継承させる。

会社をつぶさずに、安定した経営ができる社長は

会社のやめどきを視野に入れている。

なんでも始めることよりも、やめることのほうがむずかしいものです。始めるときには永遠に発展していき、次代、次々代へと引き継いで、自分がつくった企業は永遠に光り輝いていくのだと、果てしない夢を描いています。

しかし、世の中、そううまくはいかないものですし、時代の変遷という、どうにもならない要素もあります。

夢ばかり見て現実を見ようとしないまま、突っ走っていってしまうと、気がついたときには進むこともできず、引き返すこともできない。にっちもさっちも行かずただおろおろしているうちに、何もかも失ってしまうという最悪の事態を迎える経営者が少なくないのです。

繁栄、発展を目指してがんばるのが経営のすべてだと考えている人は多いでしょうが、同時に、どういう状態になったらやめるかを考えておく。これも経営の要諦であることを頭に入れておくべきです。

私は、これから起業するといって相談にこられた方にも、やめるときのことも視野に入れておくように、とアドバイスすることを忘れません。

「鹿を追うものは山を見ず」という言葉があるように、目先の利益だけを見つめて経営にあたっていると、それ以外のことが見えなくなってしまい、はっと気がついたときにはとんでもない事態になっていることがあります。

たとえば、バブル経済の華やかな時代を経験しており、苦労らしい苦労をしなくても事業が発展していき、大いに儲かる時代を経験してきた経営者のなかには、すでに20年以上も景気の低迷が続いているというのに、まだ、夢の名残りのなかを漂っている人がいるのです。

すでに赤字経営に転落してから数年たつというのに、バブル時代に蓄えた資金や資産を切り崩しながら、ただ月々、しのいでいるだけ。この先、どうしたらいいのか、展望を立てようとさえしないのです。

いよいよ行き詰まってから、「なんとかできないか」と駆け込んできても、できないものはできないとしかお答えできません。経営アドバイザーは魔法使いではないのです。

それでも、たとえば、業種を変えては？　業態を変えてみては？　と助言すると、「もういい年なので、いまさら商売を変えることなんかできません」とはねつける。

現状では赤字が累積していくだけなので、いっそ会社をたたんで、人生の残りの日々を静かに暮らしたらというと、すでに蓄えは使い果たし、借金を返すあてもない。自宅も担保に入っていて、会社をやめたら、住む家までなくなってしまう、とこれもダメ、あれもダメとただ泣きつくだけ。

せめてもう1～2年前なら自己資金に多少の余裕もあり、会社をやめても自宅までなくなることはなかったでしょう。

こうしたケースを見るたびに、やめどきがいかに大事であるか、を痛感します。

事業不振の兆しがひたひたと感じられるようになり、銀行の態度も微妙に冷ややかになってきた。そこでついに虎の子の自己資金を投入せざるを得なくなった……。こうなったら、キリのつけどきを考えなければいけないと覚悟すべきです。

赤字経営におちいってしまったのに、そのうちなんとかなるとタカをくくっているのが一番怖く、一番愚かな選択です。**事業が傾いたら深追いしないで、なんとしてもその後の家族の暮らしを守る。これを第一に、やめどきを考えるべきです。**

経営者もまた1人の人間です。自分の残りの人生、家族の人生を守る、その余力が残っている間に撤退すれば、必ず、新たな生き方へ導かれるはずです。

相談者の多くの事例から、撤退後の資金はなんらかの形で再起できる最低限の資金を残しておきたいと私は考えています。逆にいえば、留保金がそれ以下になる前に手じまいすべきだということです。再スタートするにも資金が必要だからです。

ちなみに、三菱商事では、各事業について「3期連続で赤字になったら撤退候補とし、続行かどうかの審議を始める」、これを明確な基準にしているそうです。天下の三菱商事でさえも、赤字のたれ流しを続けることは事業としての死に通じる、と考えているのです。

▼致命傷を負いたくないなら、初めからやめどきを決めておく。

第4章

社長の基本④

社長の交渉力

——金融機関との上手なつき合い方

会社をつぶさずに、安定した経営ができる社長は

資金に余裕があってもなくても借入金融機関をもつ。

成功する経営者になるための条件は？

私の答えは、「必要なときに、必要なだけの資金をちゃんと借入できる」ことです。

第3章でも書きましたが、大事なことなので繰り返します。自己資金がふんだんにある。だから、利子のつくお金を借りなくても経営は維持できる……。あえていわせていただけば、これは前時代的な経営です。

現代の経営はむしろ積極的に金融機関とのパイプをつくり、資金繰りを円滑にし、また、事業の拡大・発展を目指すときの融資を得ていくべきでしょう。

一寸先はどうなるかは誰にもわかりません。無借金経営で順調に進んできていたとし

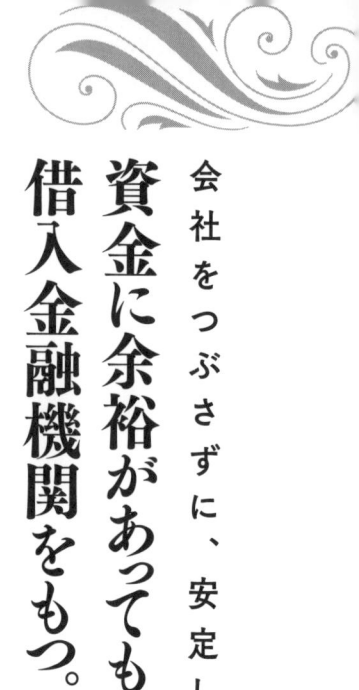

ても、取引先が倒産するというようなことが起これば納入先を失い、次の納入先を確保するまでは収益源を失ってしまいます。

売掛金がこげついて、キャッシュフロー不足におちいる可能性だってあります。

こうしたとき、初めて金融機関からお金を借りようとしても、そう簡単にことは運びません。これまで無借金でやってきた優良企業なのだから、どの金融機関でもすぐに融資してくれるだろうと考えているなら、あまりにも金融機関について知らなすぎるといえます。

金融機関は財務内容がいいからということよりも、これまでの融資実績、そのときの返済実績をもとに、次の融資を検討するところなのです。つまり、銀行は融資実績のない企業には原則としてお金を貸しません。もちろん、どんなことにも初めの一歩はあるものですが、取引開始にはそれなりの手順と時間が必要です。

取引先の倒産、あるいは大地震など自然災害で突然営業ができなくなった。そうしたとき、当面のつなぎ資金を緊急で借りたいという必要性が起こります。無借金経営だと懇意の金融機関がないので、相談する先がありません。

こういう場合に備えるためにも、ふだんから適正規模の融資を受けて金融機関との関

係を保っているほうが、融通をきかせてくれる可能性が高いのです。

取引にあたっては、銀行もまた1企業であり、金融業務を通じて収益をあげ、生き残っていかなければならない宿命をもっていることを忘れてはいけません。

金融機関はお金を貸すのが商売。こちらはお金を借り、その資金でビジネスを展開する。そしてその間の金利をきちんと支払い、約束の期限までにきれいに返済する……。これが正しい関係です。この関係をきちんと守っているかぎり、金融機関と企業の関係はお互いに同等の取引先同士という関係です。

金融機関側が上から目線で企業を見るのはもちろん、企業側がへりくだり、下手に出るのも間違っています。いうまでもなく、こちらはお金を借りて、金利を払ってやっているんだと思い、大きい態度をとるのはさらに間違った態度です。

あくまでも対等な取引先という態度で誠実に取引し、いざというときに親身になってくれる金融機関をもつことは、中小企業経営の生命線の1つだと、私は考えています。

▼無借金経営はただの無知。

金融機関から適正なお金を借りているのがよい経営。

会社をつぶさずに、安定した経営ができる社長は

身の丈に合った金融機関と取引している。

「取引銀行は○●銀行」

年商が1億円に届くかどうかという規模の企業なのに、メインバンクに大手都市銀行を選ぶ経営者がいます。大手銀行と取引があると誇示したいのかもしれませんが、実質的にはこの選択はあまりプラスをもたらすとは考えられません。

金融機関取引の実情をよく知っている人間の目には、「見栄っぱりな経営者だな」と映り、かえって逆効果になる場合だってあるでしょう。

一口に金融機関といっても、組織やその成り立ちなどによって違いがあります。

信用金庫は、地域の人が利用者・会員となって地域の繁栄を図る相互扶助を目的とし

た協同組織の金融機関で、営業地域は一定の地域に限定されており、利益第一主義ではなく、会員すなわち地域社会の利益が優先されます。

信用組合は信用金庫と同じ協同組織の金融機関ですが、預金の受け入れや運用が原則として組合員に限定されています。信用金庫は組合員が優先されますが、限定はされていません。

銀行は信金・信組と異なり、株式会社です。したがって、あくまでも株主の利益を優先して経営されています。

銀行はさらに都市銀行、地方銀行に分かれます。

都市銀行は東京や大阪など大都市に本店があり、県庁所在地などに支店をおき、全国展開しています。かつて日本には多くの銀行が乱立していましたが、バブル経済期に過剰投資などによって急速に体力を失っていきました。また、不透明な経営実態なども明らかになり、こうした事態を考慮した政府は1996年、金融制度改革を打ち出します。その後、さまざまな経緯で金融再編成が進められ、現在では都市銀行は三菱東京UFJ銀行、三井住友銀行、みずほ銀行のいわゆる3大メガバンクとりそな銀行の計4行に集約されています。

地方銀行は第一地方銀行と第二地方銀行の2つに分かれます。

第一地方銀行は全国都道府県の大都市に本店をおく銀行で、地元地域の企業や住民を対象に、地方金融の担い手として活動しています。

第二地方銀行はほとんどが相互銀行から転換した銀行で、たとえば東京スター銀行、神奈川銀行、京葉銀行などがあります。

取引先として、自社の企業規模と金融機関のイメージを見ると、
・信用組合……年商数百万～年商5億円程度
・信用金庫……年商数千万～年商10億円程度
・地方銀行……年商数千万～年商30億円程度
・都市銀行……年商30億円～
という感じになるでしょうか。

中小企業が取引する金融機関としておすすめなのは、その地域を基盤にしている信用組合・信用金庫です。

地域の商圏、商店街などに精通しているうえ、地元の商店会長などとも親しいので、地域に溶け込むための人脈づくりに力を貸してくれるなど、融資以外にも協力してもら

える可能性も期待できます。

その地域を主要テリトリーにしている地方銀行も取引先候補として有力です。

いずれにしても、自社の企業規模に合った適正な金融機関を選び、よい関係性を築いていくことが大事です。

▼金融機関は企業規模に見合ったところを選び、見栄や体裁で選ばない。

会社をつぶさずに、安定した経営ができる社長は

3行以上の金融機関と借入取引する。

「借入先は何行ですか？」

そう尋ねると、「うちはまだそこまで大きくないので、○○銀行1行に絞っています」と答える相談者はかなりおられます。

1行とだけつき合っているほうが、銀行に対して誠実だと思い込んでいるのでしょう。

前にもふれましたが、あなたの会社にとって、銀行も取引先の1つです。たとえば原料を仕入れるときなど、たいていは2、3社に声をかけ、相見積もりをとるはずです。

銀行についても同じです。1行だけに話をもちかけるのではなく、2、3の金融機関にアプローチして、計画中のプロジェクトについて資金に協力してもらえるかどうか、

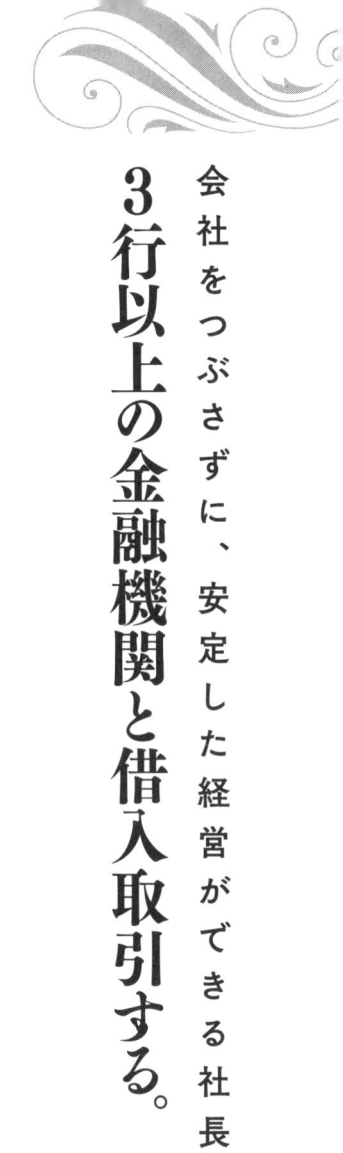

もちかけるべきです。いまは、どこの銀行も貸付先を求めています。それなりの手順を踏んでいれば、門前払いということはないはずです。

都市銀行の地方支店のなかには、都心に本社を構える全国規模の大手企業の、その都市にある支社や地方工場などをカバーすることを主目的に支店を出店しているケースもあります。こうした場合、工場閉鎖などが起こると、支店も閉鎖される恐れがあります。

また、大手銀行は転勤によりその地方で勤務している人が多く、その土地の出身者が多いわけではないことも要チェック。何年かすると任地が変わり、せっかく育ててきた人間関係がご破算になってしまうことがあることも考慮に入れておく必要があります。

一方、地域の金融機関の将来有望な若手行員であれば、しだいに昇格していき、いまでは重要ポストについて融資の決定に大きな力をもつようになっている、そんなケースもよくあります。

1行取引のリスクの1つに、合併問題があります。現在、特に地方銀行に、再編成の大きな動きが始まっています。もともと地方銀行は各地域に特化する態勢であったはずが、現在は64行を数えるのが実情です（金融庁・平成29年4月現在）。

しかも、地域産業の低迷もあり、融資は伸びていきません。しかし、地銀は地方経済を支えてきた歴史があり、その存在が揺らぐとただでさえ疲弊する地方経済がますます弱っていってしまいます。

そこで金融庁は地銀の合併を進めて経営基盤を強化していき、地域経済を支えるという地銀の機能を活性化しようと考えているわけです。

信組・信金は〝狭域高密着〟を掲げて地銀以上に地域に密着し、1軒ごとに小まめに訪問を繰り返すなど、独自の活動を展開していますが、ここにも再編成の波はひたひたと押し寄せてきています。

合併することになったとき、取引銀行が吸収される側になるとその銀行は力を失い、以前のように融資してくれない可能性があることも知っておくことが、経営者として大切です。

借り入れたい資金額にもよりますが、私ならば、信用組合と信用金庫、地方銀行、都市銀行という3タイプの金融機関に話をもちかけます。

それぞれからのリアクションを見ることで、経営者自身も金融機関とのつき合い方を学ぶことができるうえ、競合相手が存在することを知れば、金融機関のほうも緊張感をもって貸付計画を練りあげるでしょう。

　こうした関係づくりを進めるうちに、しだいにメインバンクとサブバンクという住み分けができてくるものです。

　また、いうまでもないことですが、借入先銀行に入金口座をつくらないこと。経営者個人の金融資産の預け入れ銀行ももちろん別の銀行にすること。万一、経営状態が悪化し、返済が滞るようなことになった場合、入金をすべて把握されて運転資金にも困るようになる可能性を防ぐためです。

　そんなこと、常識じゃないか、といいたいところですが、実際は多くの経営者がそれすらわからず、1つの銀行に何もかも集約しています。あなたの会社は大丈夫ですか？

▼経営者個人の口座も含めて、取引金融機関は複数もつ。

会社をつぶさずに、安定した経営ができる社長は

金融機関の融資力を示す預貸率について知っている。

取引する金融機関は、ある意味で、あなたの会社の運命を握る存在になるといっても過言でないほど、企業経営には重要な意味をもっています。

それはわかっている、しかし、金融機関はどこも表通りに立派な支店を構えていて、外見だけではどこがいいのか選べない、と悩んでいる方もいるでしょう。

取引金融機関を選ぶ場合、一般的な選択基準は、「有名銀行だから」「会社の近くにあるから」というあたりでしょうか。

金融機関の〝借入実績〟を示す数値に「預貸率」があります。

金融機関の一番の収益源は、顧客から集めた預金を貸し出し、金利の差で利益を得ることです。したがって、預金残高のより多くを貸し出しに回している金融機関のほうが収益力は高いことになります。

「預貸率」は集めた預金のうち、どのくらいを貸し出しているかを示す数字です。預金残高が1兆円あり、そのすべてを貸し出しに回していれば、預貸率は100％です。

とはいえ、100％貸し出しに回してしまうと、預金を引き出しにきた顧客に対応できなくなるので、理屈のうえでは、預貸率は100％以下、80％とか90％というあたりがいいわけです。

しかし、昨今は消費者の将来不安から預金は増え、一方、設備投資の冷え込みなどから貸し出し需要は伸び悩み、預貸率は100％を大きく下回っているのが実情です。

現在、全国の銀行114行の預貸率は平均で66・47％（東京商工リサーチ　2017年3月期決算）で、ここ数年、預貸率は年々低下傾向にあります。金あまり時代で設備投資資金需要などが落ち込み、金融機関はどこも預貸率を高めなければならないと懸命になっています。

これは借り手から見れば、融資を拡大する大きなチャンスだといえます。

各金融機関の預貸率などの数字はネット検索で簡単に調べられます。預貸率はまた、その金融機関が貸し出しに積極的であるかどうかを示す目安にもなります。貸し出しに積極的な金融機関は預貸率が高くなり、反対に貸し出しに慎重な金融機関は預貸率が低くなるわけです。

私は、預貸率が60％を切る金融機関は融資に積極的ではないと思っています。こうした金融機関と取引しても将来性はないので、私は最初からおつき合いしないようにしてきました。

ちなみに残りの預金残高は債券や株式で運用して利益を得るようにしています。各金融機関がより効率のいい運用に奔る傾向が強まったこともあって政府は貸し出し需要をより盛んにするように促し、最近はようやく貸し出しを増やす傾向が見られます。

いずれにしても、**これからは経営者自身がさまざまなデータを把握して、自社に最もふさわしい金融機関を自ら選別する能力が求められている、といえるでしょう。金融機関の選定で会社の将来も変わることを知っておいてほしいものです。**

▼データを集め、信用できる金融機関を自分自身で選択する。

会社をつぶさずに、安定した経営ができる社長は

金融機関への情報提供の仕方を心得ている。

仕事をスムーズに進められるかどうか。それはひとえにコミュニケーション力にかかっているといっても過言ではないでしょう。金融機関との取引も例外ではありません。たとえば、〝手ぶら〟ではいかないこと。といっても、もちろん、菓子折りをもっていけ、ということではありません。

新規取引の場合はもちろんのこと、追加融資の依頼などの場合も、金融機関がほしいのは、あなたの会社の経営実態を示すデータです。

金融機関は取引にあたって、必ず、直近3年分の決算書の提出を求めます。それがそろっていなければ融資の検討さえしてもらえません。ところが、それさえ持参していな

い。もっとひどい場合には、決算書を1度も見ていない、基本的な数字も理解していない経営者もいるのにはびっくりします。

銀行に限らず私のところに来るときも同じです。

私のところに来る方は、どこかに行き詰まりか、漠然とした不安を感じて来られます。不安なら何が不安か、行き詰まっているなら、どこがどのように行き詰まっているのか。そこをひも解いていき、対応策を考えていく。それが私の役割です。

コミュニケーション力というと、担当者とどう話すか、どんな言葉づかいをするかというようなことを連想するかもしれませんが、**データ提供、とりわけ数字を示すことはコミュニケーションの大きな要素の1つだということを忘れないでください。**

私も相談を受けると「ここ数年の決算書を見せていただけますか」とお願いします。すると、「決算書ですね。はい、もちろん、用意してきました」と二つ返事で決算書を差し出す方もいます。なかなか用意がいいな、と感心しかけると、肝心な書類が抜けている場合や試算表だけ持ってくる方が少なくないのです。

経営者として知っておかなければならない数字や確認しておきたい情報がないと正し

い判断を下せません。

経営者の最大の使命は、会社を倒産させないことです。企業は赤字になったからといって、すぐにつぶれるわけではありません。キャッシュフローがうまくいかなくなる。つまり、支払いに回すお金が尽きたとき、会社は倒産するのです。

この1年は赤字だったとしても、そこからどうやって黒字に転換させていくのか、まず1年先そして3年先まで見据えて資金繰り表をつくって、キャッシュフローが枯渇しないようにチェックしていく、これは経営者の最大の仕事です。

景気は変動するのが常ですから、ビジネスがうまくいっているときにお金をためておき、景気が下降し、ビジネスがうまく回転しなくなったときに備える。これを内部留保といいます。

内部留保は企業の純利益から税金、配当金、役員賞与などを引いた残り。会計上は「利益準備金」といった名目で、貸借対照表にも計上しなければならない決まりです。

余談ですが、日本企業の内部留保金は2016年度でなんと406兆2348億円に達しています(2017年9月1日　財務省発表)。これだけ儲かっているのに、設備投資や社員の賃金アップには回さない。実感なき好況の原因はこうしたところにあるわけです。

融資の話が一歩進んだ段階になると、金融機関はさらに、事業計画書、資金繰り表、借入金一覧表などの提出を求めます。こうした書類から、その企業の借入金が多すぎないか、返済が重すぎないか、ということを見ていき、そのうえで、「まだ、貸しても大丈夫か」を判断するわけです。

場合によっては、他の金融機関からの融資を自分の金融機関の融資に借り換えることを提案できるか、他行で融資や追加融資を断られてこちらに来たのではないか、というような可能性をさまざまチェックし、新規の融資先とするかどうかを判断していきます。

融資を依頼するプロジェクトについては、借入返済計画書と事業計画書を用意しておきましょう。事業計画書は、なぜお金が必要なのかを論理的に説明するものであるとともに、夢のあるストーリー性をもつものでないとダメです。

借入返済計画書には、いつ、いくらくらいの融資を見込んでほしいということを書き、さらに向こう3～5年の損益計画も書き添えます。

こうした資料をきちんと整え、「自分の会社は融資を受けても返済がしっかりできる企業だ」とアピールするわけです。

ここまできちんと情報を整理してある経営者なら金融機関側も高く評価し、融資が得られる可能性は高くなるはずです。

金融機関は3月に本決算、9月に半期決算を行います。この両月は決算時の数字を上げるために支店も営業マンも、融資を拡大したいと営業活動にいっそう力を入れます。新規融資や追加融資を依頼するなら、決算前の2月、8月に融資を申し込んでおくと、ふだんより融資が受けやすくなることが期待できます。

決算書と一緒に夢のある事業計画書を銀行に提出した経営者は、予定していた2倍の融資が実現しました。プレゼンの仕方でこんなに違うものかとビックリした。こんなケースもあるのです。

▼必要なデータをそろえて出向くと、融資の可能性は数倍以上高まる。

会社をつぶさずに、安定した経営ができる社長は

金融機関には、明るいビジョンを語る。

取引開始にあたって、あるいは追加融資を依頼する場合にも、金融機関は細かなことまであれこれ質問し、実際の数字などのデータ提供を求めます。決算書や事業計画書なども納得がいかないところがあれば、容赦なく鋭い突っ込みを入れてくるでしょう。

問題はこのときの経営者の受け答え方です。決算書の数字をねつ造することは許されません。でも、数字をどう解釈するか、そこから次の事業計画へとどう導いていくか。数字の解釈は、実は経営者の意思しだいです。

水が半分になったとき、もう半分しかないという人と、まだ半分残っていると答える人がいるように、答え方しだいで印象は１８０度変えられます。金融機関との受け答えにもこれと同じ発想が必要です。

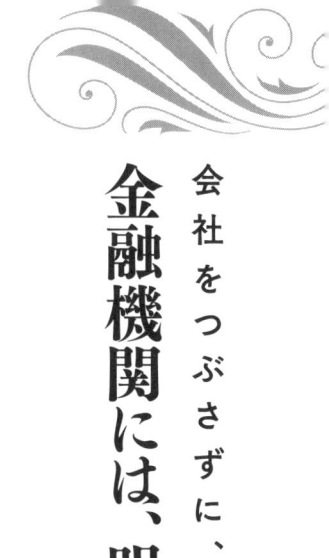

暗い見通しを聞いて融資に前向きになる金融機関はありえません。そこで、表現を工夫して、できるだけ明るいビジョンを描いてみせるのです。

明るい表情や勢いを感じさせる話し方など、金融機関とのプレゼンでは、演技賞もののトーク、アクションが必要です。

かすかな光でも絶対にものにしてみせるという強い意志と熱意で語ることで銀行が動き、融資の可能性がプラスに転じる。そうした例も数々経験してきました。

また、できるだけ誠実であろうとして、銀行に何もかも正直に話すことが一番だと思い込んでいる経営者も少なくないようです。しかし、マイナス情報まで開示する必要はありません。金融機関の担当者はあなたの会社のほかにも担当している企業がいくつもあり、それぞれの案件を通すにも稟議書を書き、会議にかけて……と多忙をきわめているのです。そうした相手に、この会社はうまくいっているんだな、明るい展望があるのだな、融資しても大丈夫だなと思わせることができるかどうか。

そのカギはすべて、経営者の言動にあるといっても過言ではありません。金融機関にプレゼンをするときには、自信をもち、希望に燃えて事業内容や将来計画を語りましょう。

21世紀最高の経営の天才といわれるイーロン・マスクは、やりたいと思うことは、もうほとんど完成していると語って莫大な資金を集め、結果的にはイメージに描いたビジネスをどんどん推し進めています。このような感じです。

「なるほど！　この社長はすばらしい」「ぜひ、この社長が率いる企業に融資して、事業の発展を見届けたい」。そう、思ってもらえるかどうか。最後はそこですべてが決まります。

金融機関は基本的には、事業データを見て判断しますが、それ以上に見ているのは社長の言葉であり、行動です。

私は銀行員の前でウソをついたことはありません。でも、プレゼンしたことのうち、実現できなかったことはたくさんありました。そのくらい最大級、最大限の可能性を自信満々で語ったのです。

１４０億円の融資を引き出すことに成功した理由は、真摯なブレない経営姿勢と銀行からの信用力、銀行が支援したくなるようなプレゼン力だったと思っています。

▼銀行に必要以上のことは話さない。これも上手な銀行対策の秘訣。

会社をつぶさずに、安定した経営ができる社長は

プロパー融資と保証協会付融資の違いを理解している。

具体的に融資の話に進んでいったとき、金融機関がもち出す融資には、プロパー融資と保証協会付融資の2種があります。

「とにかく、お金を借りられた」と喜ぶ前に、2種の違いをちゃんと理解し、金融機関側がもち出す条件などを慎重に検討しないと、あとで泣きを見る羽目になります。

プロパー融資とは、金融機関と融資先の間だけで行う融資のことです。返済されなかった場合のリスクはすべて金融機関が負います。もちろん、金融機関は担保を取るなどしてリスクヘッジを行います。

現在では、プロパー融資はかなり少ないのが実情です。バブル経済の崩壊期、多くの融資が担保割れし、その結果、銀行の倒産が起こり、金融不安が日本経済の足元を揺るがせました。その後、金融庁が設立され、貸付しているお金について、厳しくチェックするようになったことなどから、現在では各金融機関とも、よりリスクの少ない保証協会付融資を勧めるようになっています。

保証協会付融資は、信用保証協会の保証をつけて行う融資で、貸したお金が返済されなかった場合は、信用保証協会が借入金の全部、または大部分を金融機関に支払います。

保証協会付融資は「中小企業支援を目的に」と謳《うた》っており、信用保証協会が保証をすることによって、中小企業の融資が受けやすくなるというイメージがあります。

しかし、信用保証協会が行う「保証」はあくまでも、金融機関がリスクを負わないための保証であることに気づいてください。しかも、借り手は信用保証協会に対する保証料を支払う必要があります。

金融機関にとってはノーリスクで融資できるところから、保証協会付融資を勧めてきます。特にリスク回避のために中小企業に対してどんどん貸付をします。

しかし、金融機関が勧めたからといって、安易に保証協会付融資に乗ってはいけません。後にふれるように、返済できなくなり、負債の処理をしなければならなくなったときに、保証協会付融資では復活の道がふさがれることがあるからです。

近年、リスクのない保証協会付融資が増える傾向が目立つことから、金融庁は金融機関評価の要素としてプロパー融資を積極的にしているかどうかを取り入れました。そうしたことから、今後はプロパー融資が拡大していく可能性があります。問題は銀行員の企業を見る目利き力の低下です。

プロパー融資をしてもらいやすくするためにも、経営者は金融機関との信頼関係を強化していく努力を欠かさないようにしましょう。特に中小企業では、それが企業存続の決め手になるといっても過言ではありません。

▼融資には2種類ある。
借り手に有利なのはプロパー融資。

会社をつぶさずに、安定した経営ができる社長は

自社の返済能力を知っている。

返済能力は経営者がしっかり押さえておくべきこと。それゆえ、経営者の借入金に関する最大の関心事は、どのくらいまでなら借入しても大丈夫だろうか、ということでしょう。

債務償還年数、つまり、借入金の完済まであと何年かかるかを見た場合、5~7年未満なら「健全範囲」、10年を超えると「要注意」レベルです。どんなに長くても、15年で返済できる会社の力をもつことが必要です。

毎年、そうムリなく返していける返済額の目安は、「年間減価償却金額+税引後利益」です。

金融機関に融資の相談をもちかける前に、自分の会社の返済能力についてしっかり把

握しておくこと。これは常識以前の話だといいたいところですが、実際はほとんどの経営者がこれを怠っています。

実際、私の講演会で「自社の返済能力を知っている人は手をあげてください」と声をかけたところ、手をあげたのは10分の1程度。これが実情です。

仮にも融資を受けて事業展開をしていこうとする経営者が、これらのことを把握していないようでは、金融機関もその経営者の話に耳を傾ける気持ちにはなりにくいでしょう。事業計画を考えるときには、常に、返済能力と並行して考える姿勢を身につけるようにしてください。

▼自社の返済能力の目安をしっかりおさえておく。

会社をつぶさずに、安定した経営ができる社長は
安易にリスケしない。

返済がスムーズに進んでいれば、金融機関と信頼関係はどんどん高まり、融資の拡大も図れ、事業は順調に発展軌道を進んでいきます。

しかし、どんな事業にもアップダウンはあるもの。もし、支払いが厳しくなってきたら、税金、社会保険料、銀行借入、買掛金、などの順に支払いを遅らせていき、その間になんとか打開の道を拓くように動く。これが破たんを先送りするための順番です。

私は、すぐれた経営者とは、どんなときもあきらめない人だと考えています。

そこでまず、金融機関に返済期間の見直しを願い出て、苦しい時期をしのいでいこうとする。これがリスケです。

リスケとはリ・スケジューリング、予定の見直しのこと。金融機関との交渉ごとでい

えば、融資の返済計画を見直すことをいいます。たとえば5年で完済予定だったものを10年にリスケしてもらえば、単純計算では年間返済額は半分になる計算になります。

そうしたことから、会社や経営者の将来を考えない銀行や経営コンサルタントなどは、安易にリスケをすすめることがあるようです。

しかし、金融機関と戦い抜いてきた私は、リスケは最も慎重を要することだと考えています。


リスケをすると、元金の返済を減額するので返済額が減り、たしかに当面は楽になります。そこで、苦しくなるとついリスケに頼りたくなってしまうのですが、リスケには企業にとって大きなリスクも伴うことを知っておかなければなりません。

まず、リスケをしている間は新たな融資は受けられません。さらに、当然の話ですが、金融機関が会社を見る目が大きく変わり、リスケを申し出たときから、そう遠くない将来、不良債権（破たん企業）候補として見られるようになってしまいます。

具体的にはリスケ後6か月、1年ぐらいで、自宅を担保にしてほしいとか、保証協会融資の保証料を引きあげるなど、金融機関はさまざまな条件を付加してきます。

こうして少しずつ金融機関に攻め込まれていき、リスケをしたばかりに急ピッチで追い詰められていくケースはけっして少なくないのです。

実際、リスケから抜け出し、正常債権に戻る企業は、リスケをしている中小企業約50万社のうちほとんどありません。

リスケ後のこうした事態も十分考えに入れて、明るくかつ確実性の高い経営改善計画を立てて実行していくなど、戦略的なリスケをしなければ、リスケをするメリットは乏しいことをしっかり胸に刻み、リスケの交渉にあたるようにしましょう。

リスケをするなら将来の再生の準備も考えたリスケ方法を取らない限り、将来の明るい兆しが見えないなか、ただお金を回しているだけになります。

▼リスケのメリット、デメリットを天秤にかける。

会社をつぶさずに、安定した経営ができる社長は
サービサーへの対処の仕方を心得ている。

金融機関への返済が滞り、返済交渉もうまくいかず、ある日、金融機関から「サービサーに債権を譲渡する」という連絡が入ったとしましょう。

「サービサー（債権回収会社）」という言葉を聞いただけで驚き、萎縮してしまう経営者も多いようです。**しかし、サービサーは反社会的勢力が回収を行い、トラブルを起こすことを防止する目的で創設されたもので、設立には法務大臣の許可が必要であり、恐れる必要がある組織ではありません。**

この処理を行うと債権はどう処理されるのでしょうか。

サービサーは金融機関から相当に安い額で不良債権を買い取ります。紙面上の解釈ではサービサーは債務者から、不良債権の買い取り金額を上回る金額を回収すれば利益が

出るわけです。

一般的には、債権額の5～15％ぐらいがその金額の目安だといわれています。仮に1億円の債権であった場合、「500万円から1500万円払えばチャラにしてあげるよ」ということになります。5％か15％か、かなりの幅がありますが、これは債務者の余力を見て、回収目標や回収額を変えるためです。いうまでもないことですが、サービサーがいくらで債権を買い取ったかは極秘事項で、債務者は知ることはできません。

債権がサービサーに売却されたことを知ると、経営者はすっかり気落ちしてしまいます。しかし、いまさら気落ちしても仕方ありません。金融機関への返済は滞り、債権もサービサーに譲渡されてしまった段階では、もう失うものは何もない状態にもっていくのが一番正しい処理方法です。

もう開き直って、再起に向けて、最善の策を講じていくほかに選択肢はありません。法的には経営者はサービサーに対して、全額返済する義務はあるのですが、サービサーにも経営効率がありますから、できるだけ早く、取れるだけ取って手じまいしようと考えるのが普通です。

それを逆手にとって、収入はない、財産もない、会社はあってもお金は入ってこないというボロボロの状況なのだと多少の演技も加えて伝えるのです。するとサービサーは、このままでは相手は自己破産するかもしれない、いまのうちに取れるだけ取ったほうが得策だと考え、安い金額で一括処理しようという方法を選ぶ可能性が出てきます。

140億円の負債から脱却する過程で、私もサービサーとのこうした交渉を何度も経験しました。私はかなり巧みに不良債権処理を進められたと自負していますが、その陰には、まさに演技賞ものの演技力をフルに発揮するという一幕もあったのです。

前に融資を受けるとき、保証協会付融資に頼りきるのは危険だといいましたが、それはサービサー処理に関係しています。信用保証協会は信用保証協会サービサーに債権を移すだけで民間のサービサーに債権を売却しないのです。

保証協会のサービサーは法的処理をしないかぎり債権を圧縮せず、債権者に少額返済を延々と続けさせます。結果的に、その経営者は一生、再起の機会を得られぬままに終わる……そんなケースが少なくないことを知っておきましょう。

また、最近ではサービサーの質が低下し、常識外の債権処理費を提示してくることが多く、債権がサービサーに移った後もなかなか処理できないことが増えています。

もともと、サービサーはバブル経済の破たん時に、経営に行き詰まった企業に再生の機会を与えること、たとえわずかでも損金を回収することという2つの機能を担い、また、債権の回収にあたり、反社会的な勢力の関与などを防止するためにつくられた制度です。同時に、金融機関が自行で債権処理をすると税務上損金として認められないため、サービサーに売却するという、やむを得ない処理法でもあったのです。

しかし、**最近のサービサーは回収のみに頭がいってしまい、企業に再生のチャンスを与えるという本来の機能をまったく理解していないように思えます。**

法制度を変えて、銀行自体が不良債権を処理しても損金として認められるようになれば、企業再生はもっとスムーズにいくはずです。中小企業の将来性のためにも、国はできるだけ早く、制度の見直しを行ってほしいと願うばかりです。

▼演技も加えてサービサーとの交渉を巧みに進め、再生のチャンスをつかむ。

会社をつぶさずに、安定した経営ができる社長は

銀行に振り回されない。

金融機関から融資を受けると、金融機関は返済を滞りなくしてもらうためにさまざまな提案をもちかけてきます。

ここで注意しなければならないのは、金融機関は金融のプロではあるけれど、けっして経営のプロではない。これをしっかり認識していなければならないことです。

銀行員、特に都市銀行の行員は一流大学を出たエリートが多く、地方の中小企業経営者の目にはいかにも優秀に映り、彼らのいうことは「きっとすぐれたプランなのだろう！」と思い込んでしまいがちです。

しかし、彼らは実際のビジネス経験があるわけではないし、まして、取引先の業界の

実態をこと細かに知っているわけでもありません。また、机の上で練ったビジネスプランがいかにもろいものであるか、現実に通用しないことがいかに多いかは、毎日、ビジネスの現場で戦っている経営者が一番よく知っているはずです。

金融機関との交渉にあたっては、実際のビジネスに関しては日々経営にあたっている自分が一番よくわかっている！　という自負と自信をもって臨むべきです。

万一、取引先が経営破たんに追い込まれれば、金融機関は損失を計上することになりますし、担当者は大きな失点を食らいます。日本の社会、特に金融業界は敗者復活戦がむずかしい世界です。何よりも失点を恐れるのもよくわかります。

そうした裏事情もあるのでしょう。銀行が提案する改善案はほとんどの場合、不採算部分は早急に切るとかリストラ案など、マイナス方向の〝改善策〟です。

運動会の綱引きを思い出してください。一歩でも引かれてしまうとあとはズルズルとあっけなく負けてしまう。経営もそれに似て、いったんマイナス方向の改善案を飲むと、ほぼ１００％、あとは後退あるのみ。お先真っ暗の道をたどることになります。

金融機関のいいなりになる前に、どんなことでもいい、前に進む方法はないか、経営

者を中心に、社員全員で知恵と汗をしぼれるだけしぼってみる根性が必要でしょう。

経営が順調に進み、滞りなく返済も進んでいる。こういう状態なら金融機関は何もいってこない、わけではありません。

何度も述べてきたように、金融機関はお金を貸すことが商売です。顧客から預金を集めることも大事な仕事ですが、それはあくまでも貸付のための資金調達の手段であることを忘れてはいけません。

お金を貸すことが主ビジネスです。したがって、この取引先は景気がいい、まだまだ貸し付ける余地があると判断すれば、あれこれと新規の融資話をもちかけてきます。それらがすべて悪いとか、突っぱねるべきだというわけではありませんが、金融機関発の話はだいたい金融機関に都合がよい話である、と思っていたほうが間違いないでしょう。

それらの話をいちいち真に受けないこと。**金融機関に振り回されるのではなく、経営の主権はあくまでも経営者にあることを頭にしっかり入れておくことです。**

▼金融機関からの提案はほとんどが金融機関や担当者の都合。

会社をつぶさずに、安定した経営ができる社長は

金融機関にすぐに返事をしない。

金融機関と経営者の関係はあくまでもイーブン、対等です。

お金を借りているから、あるいは借入を申し込んでいるからといって、こちらがおどおどする理由は何ひとつありません。

融資を受けてビジネスができるのですから、たしかにありがたいことです。でも、その対価として金利を支払うのですし、担保を差し出すなどの条件を課せられることもあります。借り手は金融機関にとって収益源、〝顧客〟であるともいえるのです。

ところが、経営者のなかには、金融機関から何かいわれると二つ返事で応じてしまう人が多いのです。何かを提案されると、その場で、「はい、それで結構です。どうぞ、よろしくお計らいください」などと返事をしてしまいます。

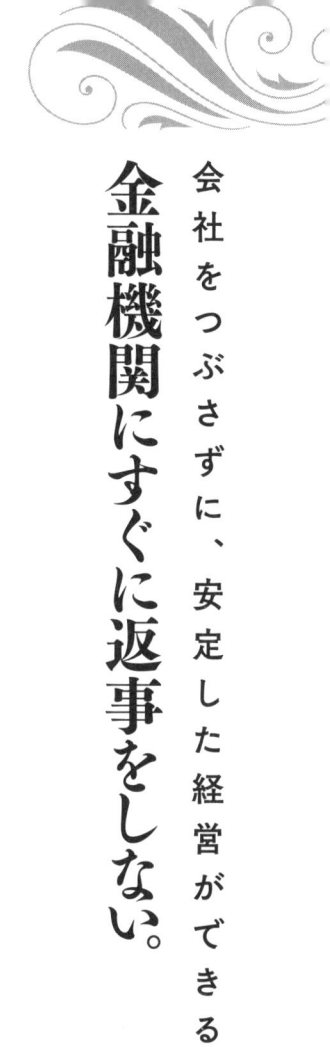

どんな交渉ごとでも、即答は、そこで相手の提案をそのまま全面的に受け入れたということにほかなりません。

どんなに好条件の話のようでも、「結構なお話をいただき、ありがとうございます。いったんもち帰らせていただき、幹部社員たちを交えて検討させてください」といって、その場で返事をすることを避ける。これも対金融機関交渉術のポイントの1つです。

実際にもち帰り、冷静になってよく吟味・検討してみると、こちらの思いを汲み取った策のように見えて、その実は、銀行側がけっして損をすることがない契約条件だった、と気がつくこともあります。

「特別な条件なので、いますぐお返事をいただかないと……」などといわれても、「1日だけ時間をください」などとねばれるだけねばりましょう。

経営者はあなたなのです。最終的に決めるのもあなたです。自社の将来を左右することに即答するのはあまりに早計です。できるだけ時間を引き延ばし、まわりにも相談して、最終決断を下すようにしましょう。

▼金融機関との交渉はねばりが必要。特に即答は絶対避ける。

会社をつぶさずに、安定した経営ができる社長は
人間的な魅力とつながりが大事。

人が生きていくことは、結局は、人間性、そして人間関係に行きつくのだ。これが数々の辛酸をなめ、140億円の負債と戦ってきた私の実感です。

金融機関とのつき合いも例外ではありません。

お金の貸し借りについてはあくまでもビジネスレベルで進んでいきますが、ときには酒を酌み交わすなどで、金融機関の方とも心が通じ合う関係になったこともあります。

こういう関係性は、やはりとても大事だと思います。

時代環境が厳しいこともあり、いまは金融機関の社員もノルマを背負っていて、融資にしてもリスケにしても稟議をあげ、裁可されなければ動けません。それでも、「社長の人柄には惚れていますから、全力を尽くして支援させていただきます」などといって

もらうとうれしいものでした。

いうまでもなく、いくら個人的に親しくても、組織人の1人である金融機関の社員には、できることとできないことがあります。それでも、その枠のなかで人としての誠意を見せてくれることもありました。

一例をあげれば、サービサーを使うという提案のときに、支店長自らが私の会社に出向いてこられ、「どういう形になっても、当行は貴社の再建に協力しますから……」といってきてくれたなど。こうした場合には、経営再建への意欲がいっそうかき立てられ、勇気を得たものです。


経営者の日ごろの言動も、金融機関とのつき合いに大きく関係してきます。

金融機関に融資を申し込む場合には、金融機関側も融資先の企業や経営者について調べます。企業の経営状態はもとより、経営者の人間性についてもかなり詳しく調べるようです。

たとえば、地域の商工会議所やＪＣ（青年会議所）、ライオンズクラブやロータリークラブなどや地域の祭礼、商店街のイベントなどにも積極的に参加しているかどうか。

こうしたことも、案外バカにならないポイントになります。地元にどのような貢献をして、信用がどの程度あるかを確認していきます。

こうした活動とお金の貸し借りに何の関係があるのだろう、と疑問に思う方もいるかもしれません。**しかし、地域で企業経営をする場合は、日ごろの経営者の言動から、地域のビジネス界に根を下ろしている姿勢があるかを判断したりするわけです。そして、それが意外なくらい大きな意味をもつものです。**

「あの会社は、あの経営者は、この地域の経済の発展に欠かせない存在だ」という印象をもってもらえるかどうか。

地域経済と積極的にかかわろうとする姿勢は、地域の金融機関からも好印象をもってもらえ、その後の取引にも有形無形のメリットをもたらすことも期待できるのです。

中小企業の経営は、つまるところ、経営者の意思と行動にかかっています。

▼企業経営、金融機関とのつき合いは社長の人間性がカギ。

あとがきにかえて

倒産もせず、自己破産もせずに140億円の負債を完済するまでの8年間、よくも悪くも、金融機関とはとことんつき合いました。

一口に金融機関といっても、あくまでも数字本位で押しまくってくるところもあれば、基本はもちろん数字が大事なのですが、そこに、こちらの苦しさをおもんぱかってくれる心が伝わってくるところもあり、かなりの温度差を感じたものでした。

私は大学生のころから父の会社の仕事を手伝い、特に金融機関担当を任されていました。それに続く140億円もの負債処理……。こうした経験を通じて、私は「金融機関とのつき合い方、特に中小企業は金融機関とどうつき合っていけばいいか」については、かなりよくわかっているほうだと思っています。

しかも、私の場合は私自身が心と体がボロボロになるようなつらい体験を経て得た知識です。こういっては何ですが、オフィスに座って本やスクールで学んだ知識を振り回している経営コンサルタントとはまるで違うと自負しています。

金融機関とのつき合い方についてはまだまだ語り足りないことだらけです。紙数の関係もあり、本書では書ききれませんでしたが、『会社と家族を守って借金を返す法』『あなたの会社のお金の残し方、回し方』（共にフォレスト出版）など拙著をお読みいただけば、金融機関とのつき合い方をさらに詳しく知っていただけると思います。

日本には約５８０万社の企業があります（総務省統計局「経済センサス基礎調査」平成26年）。……正確には５７７万９０７２社、そのほとんどが中小企業だといわれます。従業員数から見ると約30％が大企業、残り70％が中小企業です。

日本の経済はかなりの部分、中小企業で成り立っているし、日本人の暮らしも中小企業に大きく依っているといえるでしょう。

その中小企業が元気でなければ、日本の将来はない……。

ところが、日本の法制度は中小企業に不利なものが多いのです。加えて、中小企業の経営者の多くは、仕事の腕はいいのですが、経営に関する知識やスキルはまだまだです。

特に、金融機関とのやりとりに関して、あまりにも無防備。

借金を返済し終わった後、私が事業の再建ではなく、経営アドバイザーの道を志したのは、私の経験を中小企業経営のために役立て、日本の中小企業をもっと元気に復活させたい、その一助となれれば、という一念からでした。

そのために、これからも、できるかぎり、中小企業の経営者の力になっていきたいと決意しています。

最後に中小企業を活性化させるために必要な制度改正を提示します。1日も早くこれらが実現されることを願っています。

この制度を変えないと中小企業は活性化しない

【其の一】信用保証協会制度

◎プロパー融資と違い、不良債権をサービサー処理できないから。

◎信用保証協会制度を頼る融資制度により、金融機関の目利き力が低下するため。

※196ページ参照

【其の二】破産制度

◎約10年人生の失敗者扱いにされ、自虐観におちいらせ復活を阻むため。

◎アメリカのように再出発をするための制度に変えるべき。

※22ページ参照

【其の三】サービサー制度

◎本来は再生支援のための制度が、二次破たんを起こす危険が増すようになったため。

◎直接銀行が債務カットできれば、債務者の負担も減るから。

※204ページ参照

【其の四】 保証人制度

◎第三者の保証人は基本的に認めないという曖昧な金融庁の通達で、実際は立場の弱い債務者は融資を受けるために第三者の保証人を差し出しているため。

◎はっきり代表取締役だけしか保証人になれないと法制化するべき。

借りたお金を返済するのは当然です。しかし自然災害や取引先の倒産、国際情勢、急激な為替相場や制度改革、不可抗力などで大きなダメージを受けることもあります。そのときに対応できるだけの体力のない中小企業は倒産に追い込まれます。

日本は借り手責任が非常に重いのです。アメリカのようにリセットさせて才能ある経営者が再チャレンジできる社会のほうが、少子高齢化の日本では大きな経済効果を生むはずです。

1度失敗すると2度と再起を許さない、いまの制度は間違っています。ぜひ再チャレンジが可能な社会（夢と希望のもてる社会）に変えていきたいと考えています。


最後に、私からプレゼントがあります。

本書を最後までお読みくださった方のなかで私の個別相談を受けたいという方に、60分無料個別相談をプレゼントいたします。

次のページに詳細を掲載しておきました。

特別な読者プレゼント！

本書の著者・三條慶八の

個別相談が無料（60分）

お申し込みは以下の URL にアクセスしてください。

http://www.jlifesupport.com/ 個別相談申し込み /

申し込みフォームのなかの「相談内容」のところに「書籍購入者」と、ご希望する「東京オフィス」、「大阪オフィス」を入力してください。
当日は、本書をご持参ください。

※先着順で受け付けます。
希望される人数の関係で予告なく終了することがあります。

【著者紹介】

三條　慶八（さんじょう・けいや）

◉――1960年、神戸市生まれ。"会社と家族を守る"経営アドバイザー。株式会社Ｊライフサポート代表取締役。

◉――負債140億円を背負った会社を自らの力で再生し、完全復活させた経験に基づき、悩める中小企業経営者に真の会社経営、会社再生法を伝授している。机上の空論ではなく、自らの体験から得た実践的な手法は多くの経営者から信頼を得ており、特に対金融機関との交渉法が、多くの顧客から評価されている。

◉――「もっと早く出会いたかった」「いますぐ指導してもらいたい」などの声が全国から寄せられている。中小企業経営者とともに、最後まであきらめることなく懸命に闘う姿勢が共感を得ている。本書は、そんな中小企業経営者との対話、実践から生まれた、会社をつぶさず、安定経営をするための経営の原理原則をまとめた１冊。

◉――主な著書に『あなたの会社のお金の残し方、回し方』（フォレスト出版）等がある。

社長《しゃちょう》の基本《きほん》　〈検印廃止〉

2017年12月18日　第１刷発行
2018年３月８日　第６刷発行

著　者――三條　慶八
発行者――齊藤　龍男
発行所――株式会社かんき出版
東京都千代田区麴町4-1-4 西脇ビル　〒102-0083
電話　営業部：03(3262)8011㈹　編集部：03(3262)8012㈹
FAX　03(3234)4421　振替　00100-2-62304
http://www.kanki-pub.co.jp/

印刷所――シナノ書籍印刷株式会社

乱丁・落丁本はお取り替えいたします。購入した書店名を明記して、小社へお送りください。ただし、古書店で購入された場合は、お取り替えできません。
本書の一部・もしくは全部の無断転載・複製複写、デジタルデータ化、放送、データ配信などをすることは、法律で認められた場合を除いて、著作権の侵害となります。
©Keiya Sanjo 2017 Printed in JAPAN
ISBN978-4-7612-7307-1 C0030